U »Mein Sommer mit Mucks« im Unterricht

AF834010

INHALTSANGABE

U.1

Zwei außergewöhnliche jugendliche Protagonisten, eine fragile Freundschaft, die sich zu mehr entwickelt, und der Kontrast zwischen heiler Kindheit und Gewalt in der Familie – dies sind die Zutaten des preisgekrönten spannenden Kinderromans von Stefanie Höfler.

Die eigenbrötlerische Zonja, wie Sonja, aber mit »Z«, lernt zu Beginn der Sommerferien unter besonderen Umständen den etwa gleichaltrigen Mucks kennen: Sie rettet ihn im Freibad vorm Ertrinken. Zonja ist zwölf Jahre alt und besitzt eine besondere Neugier für alles, beobachtet gern Leute, überlegt sich allerlei Fragen über die Welt (zum Beispiel, welches der wertvollste Edelstein ist) und führt ein Notizbuch mit ihren Fragen und Statistiken. Aufgrund ihres eigenbrötlerischen Verhaltens wird sie in der Schule eher für eine Spinnerin gehalten. Der Junge, den sie aus dem Schwimmbecken rettet, ist nicht minder ein Außenseiter-Typ: Er ist dünn, groß, hat abstehende Ohren, kann nicht schwimmen und wohnt erst seit kurzem mit seiner Mutter und Oma in einem großen Wohnblock am Stadtrand, wie Zonja herausfindet.

Beim Scrabble-Spielen, Sterne beobachten oder Pfannkuchen essen freunden sich die beiden Kinder an. Zonja denkt, dass Mucks, der eigentlich Fabian heißt, der erste Mensch seit Jahren ist, der ihr Freund werden könnte. Der schöne Kieselstein, den Mucks Zonja schenkt, ist dafür Hinweis genug. Doch immer mehr spürt Zonja, dass irgendetwas mit Mucks nicht stimmt: Er hat immer wieder blaue Flecken auf dem Körper, rastet schnell aus, erzählt wenig über sein Zuhause und tanzt im Regen. Dann findet Zonja zufällig in Mucks' Schwimmtasche ein Pfefferspray. Als sie kurz darauf Mucks zu Hause besucht und Mucks sich ihr immer mehr öffnet, wird ihr zunehmend klar, dass in Mucks' Familie einiges nicht stimmt und Mucks vor seinem Vater schreckliche Angst hat.

Was Zonja noch nicht weiß, ist, dass Mucks' Familie vor dem gewalttätigen Vater auf der Flucht ist und deshalb schon mehrfach umgezogen ist.

Weil sie sich von der Wucht ihrer Entdeckungen übermannt fühlt, vertraut sie sich ihren Eltern an. Nach einem irritierenden Telefonat zwischen Zonja und Mucks, bei dem im Hintergrund bei Mucks schlimme Geräusche, ein Fallen, ein Klirren, ein Schrei, zu hören ist, sucht Zonjas Mutter just in dem Moment die Wohnung von Mucks auf, als dieser, rasend vor Wut und auch um seine Mutter zu beschützen und sich selbst zu verteidigen, seinen Vater mit einer großen Glasscherbe verletzt. Mati, Zonjas Mutter, geht mutig dazwischen und deeskaliert die Auseinandersetzung, woraufhin Fabians Vater abhaut.

Weil der Vater jetzt weiß, wo Mucks und seine Mutter wohnen, entschließt sich die Mutter, wieder wegzuziehen. Dies erfährt Zonja aber erst, nachdem Mucks nicht zum verabredeten Treffpunkt kommt. Auch Mucks' Oma, die Zonja zufällig am Ende der Sommerferien in der Stadt trifft, weiß nicht, wo Mucks und seine Mutter mittlerweile wohnen.

So sehr Zonja wegen Mucks' Verschwinden verzweifelt ist, freut sie sich umso mehr über ein Paket, das einige Tage nach ihrem Geburtstag bei ihr eintrifft: Mucks schickt ihr ein Scrabble-Spiel und den Hinweis, dass der wertvollste Edelstein der Kieselstein ist.

»Mein Sommer mit Mucks« ist ein grandioses Stück Kinderliteratur, das letztlich auch vom Ende einer Kindheit handelt, symbolisiert unter anderem durch Zonjas neue Frisur und durch den Abbruch der Notizbuch-Eintragungen.

Stefanie Höfler schreibt sensibel, zurückhaltend, intensiv und mitreißend zu gleich. In vielen kleinen Szenen fängt sie den Zauber der Freundschaft und beginnenden Liebe ein. Ihre Sprachbilder, mit denen sie sowohl die heile Familie von Zonja als auch die kaputte Welt von Mucks beschreibt, sind unverbraucht und originell und eröffnen zusätzliche Bedeutungsschichten, auch für die jugendlichen Leser:innen. Besonders kunstvoll setzt sie die

Andeutungen über Mucks' Schicksal und schafft es dadurch, einen großen Spannungsbogen bis zum Schluss aufrechtzuerhalten. Zahlreiche witzige Szenen sorgen bei den jugendlichen Lesern dafür, dass das Buch, trotz der bedrückenden Thematik familiärer Gewalt, immer noch leicht daherkommt. Auch deshalb ist Stefanie Höflers Geschichte eine außergewöhnliche und glänzend geeignete Klassenlektüre.

U.2 DIDAKTISCHES PROFIL DES KINDERROMANS

Wie jeder andere Unterricht auch, muss die Behandlung eines Jugendromans einerseits an die Lernvoraussetzungen der Schüler:innen anknüpfen und damit assimilative Aspekte bieten, andererseits auch zusätzliche Anforderungen an das Verstehen stellen. Das didaktische Potenzial des Romans als Unterrichtslektüre liegt damit in der Verknüpfung von vertrauten, assimilativen und eher neuen, akkomodativen Aspekten. Vertraute Charakteristika des Textes sorgen dafür, dass die Schüler:innen von sich aus einen Zugang zum Text finden können und dass Anknüpfungsmöglichkeiten für eine eigene Textdeutung vorhanden sind (Assimilation). Dieser Aspekt betrifft das lesefördernde Potenzial. Neue, zusätzliche Anforderungen, die der Text an ein Verstehen der Schüler:innen stellt, betreffen eher den Bereich des literarischen Lernens. Im Überblick lässt sich das didaktische Profil von »Mein Sommer mit Mucks« folgendermaßen darstellen:

Dimension des Textes	Das Vertraute: Möglichkeit zur Assimilation (Leseförderung)	Das Neue: Notwendigkeit zur Akkomodation (literarisches Lernen)
Wirklichkeitsbezug	▶ Fiktive Geschichte mit realen Bezügen	▶ Fiktionales Geschehen
Thematik	▶ Schule ▶ Freundschaft und Liebe ▶ Schwierige Familienbeziehungen vs. heile Familie	▶ Gewalt in der Familie ▶ Außenseiter-Typen Zonja und Mucks
Figuren	▶ Positive Identifikationsangebote für Mädchen und Jungen durch Zonja und Mucks sowie Zonjas Eltern ▶ Negative Identifikationsangebote durch Mucks' Vater	▶ Empathie mit ambivalenten Figuren, v.a. Mucks und seine Mutter ▶ Durchbrechung von Geschlechterrollen: Zonja (neugierig, mutig, klug, direkt), Mucks (sensibel, unsicher, kann nicht schwimmen)
Sprache/Stil	▶ Spannung ▶ Äußere und innere Handlung ▶ Dialoge	▶ Leitmotiv: der wertvollste Edelstein ▶ Vergleiche, Metaphern und Symbolik
Literarische Formelemente/ Erzählkonzept	▶ Ich-Perspektive Zonja ▶ Lineares Erzählen ▶ Vereinzelte Rückblenden ▶ Kapitelgliederung	▶ Vorausdeutungen (Prolepsen) ▶ Ambivalenter Schluss

Die Übersicht verdeutlicht die gelungene Mischung aus leseförderndem Potenzial und Notwendigkeiten zur Akkomodation bestehender Verstehensschemata. Besonders geeignet ist »Mein Sommer mit Mucks« für die Klassenstufen 5–7. Die Stärke des Romans als Unterrichtslektüre liegt in den vielfältigen Identifikationsangeboten für Mädchen und Jungen, in der thematischen Breite sowie in der Vielfalt der sprachlichen Mittel. Die Erzählperspektive (der Leser erlebt das Geschehen aus Zonjas Sicht) vermittelt gleichzeitig Nähe und Distanz zum erzählten Geschehen.

LITERARISCHES PROFIL DES KINDERROMANS (U.3)

Themen und Motive

In Stefanie Höflers Kinderroman werden zahlreiche thematische Stränge kunstvoll verwebt. Im Mittelpunkt steht die *Freundschaft* zwischen der zwölfjährigen Einzelgängerin Zonja und dem neuzugezogenen dreizehnjährigen Mucks. Schon das Kennenlernen der beiden ist ungewöhnlich: Zonja rettet Mucks im Freibad vorm Ertrinken, was dem aufmerksamen Leser schon anzeigt, dass irgendetwas mit Mucks nicht stimmen kann. Über mehrere Stufen entwickelt sich die Freundschaft im Zeitraum von ungefähr drei Wochen weiter, vor allem gespeist durch die intensiven Gespräche der beiden über viele verschiedene Themen, aber auch die gemeinsame Freibad-Zeit während der Sommerferien. Während sich Zonja Mucks gegenüber sehr öffnet, wird zunehmend klar, dass Mucks aus verschiedenen Gründen Schwierigkeiten hat, sich Zonja gegenüber vollständig zu öffnen. Trotzdem entwickeln sich auf beiden Seiten Gefühle, die man als Leser durchaus als Zeichen von *Liebe* deuten kann. Dass eine Freundschaft oft auch Tiefen durchschreiten muss, zeigt sich unter anderem beim Ausraster von Mucks im Freibad oder als Zonja im Anschluss das Pfefferspray in Mucks' Schwimmsachen findet (Kap. 6). Besonders schwer zu verdauen sind nicht nur für Zonja, sondern auch für die jugendlichen Leser:innen die Szenen, als es zur bedrohlichen Auseinandersetzung zwischen Mucks und seinem Vater kommt (Kap. 10) und als Mucks dann plötzlich von der Bildfläche verschwindet (Kap. 12–14).

Das Thema Freundschaft wird im Roman mit zunehmender Dauer vom Thema *Gewalt in der Familie* überlagert. Seit zwei Jahren werden Mucks und seine Mutter vom gewalttätigen Vater drangsaliert, was dazu führt, dass beide, gemeinsam mit der Oma, immer wieder vor ihm auf der Flucht sind und den Wohnsitz ändern müssen. Mucks' Vater verprügelt ihn offenbar regelmäßig. Eine schwere Misshandlung am Grunewaldsee in Berlin, als der Vater Mucks bei einem Streit lange unter Wasser gedrückt hat (Kap. 14), ist einerseits Auslöser für die Trennung der Familie, andererseits auch Ursache für Mucks' panische Angst vor Wasser und vorm Schwimmen. Neben den Gewalttätigkeiten in Mucks' Familie wird auch noch eine andere, sehr tragische Geschichte von häuslicher Gewalt aufgegriffen und kurz beschrieben: Als Mati in Zonjas Alter war, hatte sie einen Freund namens Fritz. Die beiden Kinder lebten zwei Häuser voneinander entfernt, haben alles zusammen gemacht und waren unzertrennlich. Fritz war, ähnlich wie Mucks, ein stilles Kind, und er wurde von beiden Eltern misshandelt. Die Misshandlungen waren so schlimm, dass Fritz an den Verletzungen gestorben ist (S. 104). Diese Stelle im Buch könnte für einige Kinder nur schwer auszuhalten sein und muss behutsam behandelt und besprochen werden. Da es in der Klasse oder im Umfeld der Schüler:innen evtl. auch Kinder gibt, die das Opfer von häuslicher Gewalt sind, sollte auf jeden Fall angesprochen werden, wie und wo sich Kinder Hilfe holen können.

Dass mit Zonjas heiler *Familie*, in der die Elternteile wertschätzend, sensibel und liebevoll miteinander und mit ihrer Tochter umgehen, ein starkes positives Alternativmodell zu Mucks' zerrütteter Familie erlebbar wird, entlastet die jugendlichen Leser:innen.

Eine wichtige Rolle für den Kinderroman spielt auch der *Sommer* bzw. die Sommerferien als Phase des Entwicklungsschubes vom Kind zur Jugendlichen. An vielen Stellen des Romans wird deutlich, dass Zonja mit ihrer Freundschaft zu Mucks auch einen grundlegenden Entwicklungsschritt durchlebt. Verhaltens- und auch Einstellungsmuster, die bisher galten, greifen nun nicht mehr. Symbolisch wird dieses Motiv sichtbar durch die Frage in Zonjas Notizbuch, welches der wertvollste Edelstein ist; eine Frage, die durch Mucks' Kieselstein in Form eines Ringschlusses (S. 9 bzw. S. 139) beantwortet wird. Weitere Aspekte dieses Motivs des Endes ihrer Kindheit sind die Ausflüge mit ihrer Mutter (S. 92), ihr Spiegelbild im Aufzug (S. 102), die Gedanken an die

Astlochtiere in ihrer Zimmerdecke (S. 105) und Zonjas neue Frisur (S. 128–130).

In vielen Szenen des Romans geht es auch um die Themen *Angst und Mut*. Mucks hat große Angst vor seinem gewalttätigen Vater, ihm fehlt aber, verständlicherweise, der Mut, sich Zonja zu öffnen und ihr die ganze Wahrheit zu erzählen. Aber auch Zonja hat Angst davor, Mucks zu sehr zu bedrängen, weil sie befürchtet, dass er dann wieder ausrastet und sich erst recht nicht ihr offenbaren kann. Zonja ist aber diejenige Figur des Romans, die am meisten Mut beweist: Sie geht trotz Bedenken zu Mucks nach Hause und erzählt ihrer Mutter, die durch Fritz eine eigene Vorgeschichte mit dem Thema familiärer Gewalt hat, dass mit Mucks etwas nicht stimmt.

Das Thema *Familienzuwachs* spielt auch eine, wenn auch eher untergeordnete, Rolle. Es wird beschrieben, wie sich Zonjas Familie auf den kommenden Nachwuchs freut (S. 126), und Zonja darf sich den Namen für ihren Bruder überlegen. Sie entscheidet sich für »Fritz« (S. 136). Hier können die Leser:innen darüber sprechen, wie sie diese Namensgebung empfinden.

Erzählkonzept

Schauplatz des Romans ist eine nicht mit Namen benannte Stadt in der Nähe von München. Wichtige Orte sind das Freibad, das gemütliche Einfamilienhaus von Zonjas Familie, das sich in einer besseren Wohngegend befindet, und die Wohnung von Mucks' Familie, die im siebten Stock eines Hochhauses im Fasanenacker, einer anonymen Hochhaussiedlung, liegt.

Der Roman schildert im Kern den Zeitraum von ungefähr sechs Wochen in den Sommerferien. Am Ende des Romans, quasi als Epilog, wird geschildert, dass Zonja von Mucks einige Tage nach ihrem Geburtstag ein Paket zugeschickt bekommt. Wann genau der Geburtstag ist, bleibt offen. In einigen Kapiteln werden Ereignisse aufgegriffen, die vor der eigentlichen Handlung passiert sind (z. B. das Bauen des Planetenmodells, S. 35; Schwimmen lernen, S. 45/46; das Gespräch mit der Mutter über Neugier, S. 82/83).

Das erzählte Geschehen wird linear aus der Ich-Perspektive von Zonja erzählt. Der Roman ist durchgängig im Präsens verfasst. Einige Zeitraffungen verdichten das Geschehen.

Zahlreiche andeutende Prolepsen, vor allem zum Verhältnis zwischen Mucks und seinem Vater, als Zonja mehrfach keine oder nur eine ausweichende Antwort auf ihre Frage nach Mucks' Vater bekommt (z. B. S. 25, 27, 33), verweisen auf ein Thema, das den Verlauf der Romanhandlung immer stärker bestimmt.

Immer wieder wird der Handlungsstrom durch selbstreflexive Überlegungen Zonjas unterbrochen, so zum Beispiel als sie Mucks' Anspannung beim Schwimmkurs spürt (S. 43/44).

Sprache

Der Roman ist größtenteils in altersgemäßer Sprache und parataktischem bzw. begrenzt hypotaktischem Satzbau verfasst. Zahlreiche Dialoge ermöglichen, dass die doch relativ große Textmenge auch von jüngeren bzw. ungeübten Leser:innen bewältigt werden kann.

Spannungsbögen des Romans

Die Spannung des Romans ergibt sich für die Leser:innen vor allem aus zwei Fragen: zum einen, wie sich die Freundschaftsbeziehung zwischen Zonja und Mucks entwickelt. Zum anderen geht es für die Leser:innen um die Frage, was mit Mucks' Vater ist und warum er vor ihm Angst hat. Beide Spannungsbögen werden am Ende kunstvoll zu einem Ende gebracht: Mucks' Oma erzählt Zonja, woraus sich die große Angst von Mucks vor seinem Vater speist und dass Mucks, obwohl er wieder umgezogen ist, den Kontakt zu Zonja aufrechterhalten will, ja sogar seine Freundschaft, symbolisiert durch den Kieselstein, für etwas sehr Wertvolles erachtet. Damit hat der Romanschluss auch teiloffenen Charakter.

Metaphern, Symbolik und weitere Stilmittel

Stefanie Höfler operiert in ihrem Roman mit zahlreichen sprachlichen Bildern und weiteren Stilmitteln, die das Lesevergnügen erhöhen und zusätzliche Bedeutungsschichten erschließen.

Vergleiche sind beispielsweise:

- »das ist so ein Science-Fiction-Name, als sei ich eine Prinzessin aus einer fernen Sternengruppe« (S. 8)

- »Seine Beine sind so lang und dünn, sie sehen aus, als würden sie eigentlich zu einem anderen Körper gehören.« (S. 41)
- »als hätte ich ihn gebeten, aus einem Flugzeug zu springen« (S. 45)
- »Mucks sieht aus wie ein Fisch auf dem Trockenen« (S. 47)
- »Er schaut mich mit einem seltsamen Blick an, der aussieht, als käme er von irgendwo weit in ihm drin und würde ihm die Luft abschnüren« (S. 53)
- »sodass er aussieht wie eine nervöse Spinne« (S. 61)
- »der sich glitzernd um Mucks ausbreitet wie gesplittertes Eis« (S. 97)
- »Dass ich ihn dabei gesehen habe, wie er diese Scherbe geschwungen hat wie ein Holzfäller seine Axt« (S. 113)
- »Mein Kopf fühlt sich an wie leer geräumt.« (S. 123)
- »rollt mir sperrig über die Zunge wie ein zerbrochenes Riesenbonbon« (S. 134)

Metaphorische Sprachbilder sind zum Beispiel:
- »die Birke schwankt«, »die Birke schlägt weiter um sich« (S. 20/21)
- »Mein Sonnensystem ist ziemlich klein« (S. 36)
- Auch Mucks' Name lässt sich metaphorisch begreifen: »Plötzlich verstehe ich. Mucks. Mäuschen. Still.« (S. 42)
- »während ich in den dichten, silbrigen Vorhang aus Tropfen hineinschaue« (S. 86)

Personifikationen finden sich unter anderem hier:
- »Seit Wochen sammelt sich die Hitze zwischen den Bäumen im Park, drückt die Schwalben gegen den Boden und verbrennt das Gras.« (S. 13)
- »Alle sechs Häuser schauen mir dabei zu.« (S. 58)
- »Es steht grau und quadratisch und ignorant da« (S. 102)

Einige Textelemente lassen sich *symbolhaft* deuten, wie zum Beispiel:
- Zonjas Frage nach dem wertvollsten Edelstein durchzieht den gesamten Roman (u. a. S. 9, S. 71). Dabei steht der Kieselstein, den Mucks Zonja schenkt und der von einem schmalen weißen Band, einer »Herzschlagader«, durchzogen ist (S. 80), für die Freundschaft zwischen beiden Kindern. Bezeichnenderweise beantwortet Mucks in seinem Brief dann am Ende die Ausgangsfrage nach dem wertvollsten Stein (S. 139).
- Auch die beiden Kaiserfische, die sich umkreisen (S. 12), stehen symbolisch für die bald beginnende Freundschaftsbeziehung.
- Dass Mucks einen blauen Fleck ungefähr da hat, »wo Siegfried, der Drachentöter, seine verwundbare Stelle hat« (S. 19), symbolisiert Mucks' Verletzlichkeit.
- Als Zonja Mucks im Freibad gerettet hat, sieht sie die Worte, die er beim Scrabble-Spiel mit sich selbst gelegt hat: »Poesie, Gartentor und Kokosnus« (S. 22). Diese Begriffe symbolisieren Mucks' Sehnsucht nach einer heilen, harmonischen Welt und Familie.
- Dass der Drehschreibtischstuhl in Mucks' Zimmer zu klein für ihn aussieht, steht symbolisch für die Tatsache, dass Mucks für sein Alter sehr groß ist.
- Das Maislabyrinth (S. 90 ff.) steht für die Suche nach dem Ausweg aus der Verzweiflung, Mucks helfen zu müssen.
- Das kleine Mädchen mit den roten Schuhen in Mucks' Wohnblock (S. 97) lässt sich als Lebens- und Hoffnungssymbol deuten. Gleichzeitig kann auch das Rot als Andeutung für eine blutige Auseinandersetzung stehen.
- Das Schwimmen lernen (S. 138) bzw. der Freischwimmerbereich lässt sich symbolisch dafür deuten, frei und ohne Angst zu leben.
- Auch zahlreiche Wetter- und Naturschilderungen lassen sich symbolisch deuten, so zum Beispiel die drohenden dunklen Wolken vor dem Gewitter (S. 86), die die Ankunft des Vaters ankündigen, oder die dunklen Wolken (S. 122), als Zonja zu Mucks geht, dieser aber nicht mehr da wohnt.

u.4 DEUTUNGSPERSPEKTIVEN

»Mein Sommer mit Mucks« lässt mehrere Deutungen zu. Zum einen veranschaulicht der Roman das Bedürfnis von Kindern an der Schwelle zur Pubertät nach echter, authentischer und tiefer Freundschaft und Liebe. Dabei sind beide Protagonisten in gewisser Hinsicht Außenseiter, zum Teil sogar Entwurzelte: Mucks musste schon mehrfach mit seiner Mutter und Oma vor dem gewalttätigen Vater flüchten und umziehen, aber auch Zonja ist mit ihren Interessen und Charakterzügen so untypisch, dass sie ohne Freundin, ja in gewisser Hinsicht aktuell gänzlich ohne Freunde auskommt – bis Mucks in ihr Leben tritt. Der Roman zeigt, dass jeder junge Mensch mit seinen individuellen Voraussetzungen das Recht und zugleich die Möglichkeit hat, Freundschaft und Liebe zu erleben.

Zum zweiten zeigt Stefanie Höflers Roman in eindringlicher Weise, dass die Entfaltungsmöglichkeiten von Kindern massiv beeinträchtigt werden, wenn Eltern, hier Mucks' Vater, ihre eigenen Interessen über die Bedürfnisse ihrer Kinder stellen, und welche Schäden es für die kindliche Seele haben kann, wenn das elterliche Handeln mit Gewalt durchsetzt ist. Zonjas Sensibilität und ihr Vertrauensverhältnis zu ihren Eltern ermöglichen es, dass der Gewalt von Fabians Vater Einhalt geboten wird. Damit wirbt der Roman dafür, gewaltvolle Tendenzen in unserer Gesellschaft wahrzunehmen und dagegen einzuschreiten, gleichwohl vermittelt wird, dass damit die Gewalt nicht endgültig gebannt ist. Schließlich bleibt am Ende des Buchs offen, ob es für Fabian einen Ausweg aus der Familienhölle mit seinem Vater gibt.

u.5 METHODENKISTE

Die folgende »Methodenkiste« ist als Ideen-Pool zur Planung einer Unterrichtseinheit zum Buch »Mein Sommer mit Mucks« gedacht. Sie verbindet anzustrebende Kompetenzen im Deutschunterricht mit möglichen Textumgangsweisen in einem Unterricht zum Roman. Dabei beziehen wir uns auf die von der Kultusministerkonferenz (KMK) verabschiedeten »Bildungsstandards für das Fach Deutsch für den Mittleren Bildungsabschluss«, die die verbindliche Grundlage für alle in den Ländern zu entwickelnden Lehr- und Bildungspläne in der Sekundarstufe I darstellen.

In der rechten Spalte geben wir jeweils mögliche Beispiele für eine konkrete Umsetzung im Unterricht. Hier finden sich auch Verweise zu den Kopiervorlagen und Infoblättern in diesem Heft. Zahlreiche methodische Möglichkeiten sprechen mehrere Bildungsstandards an. Wir haben uns zum Zwecke der Übersichtlichkeit jeweils für einen Bildungsstandard des Bereiches 3.3 (»Lesen – mit Texten und Medien umgehen«) entschieden. Häufig lassen sich auch evidente Bezüge zu den Bildungsstandards der anderen Bereiche herstellen.

Darüber hinaus stehen die vorgeschlagenen Methoden in Verbindung mit einem fächerübergreifenden Ansatz (v. a. mit Ethik, Religion oder anderen Fächern), der je nach Klassensituation, Vorwissen und Interessen der Schüler:innen modifiziert werden kann.

Bildungsstandards	Methoden	Beispiele
→ Verschiedene Lesetechniken beherrschen		
• Über grundlegende Lesefertigkeiten verfügen: flüssig, sinnbezogen, überfliegend, selektiv, navigierend lesen	• Ein Kapitel bzw. eine besonders wichtige oder spannende Stelle vorlesen • Die Auswahl individuell begründen	• Zonja rettet Mucks (S. 18–21) • Textstellen nach Wahl
	• Einen Textausschnitt mit verteilten Rollen lesen	• Gespräch im Garten (S. 32–38)
	• Bestimmte Textinhalte auffinden	• Mit dem Zeilometer arbeiten → **k.1** • Romananfang (Kap. 1/2) → **k.2** • Zonja und Mucks (Kap. 5/6) → **k.4** • Zitate der Figuren (Kap. 7/8) → **k.5** • Das Gewitter (Kap. 9/10) → **k.6**
	• Ein den Text erschließendes Unterrichtsgespräch anhand von Leitfragen führen	• Warum kann Mucks nicht (mehr) schwimmen? • Warum verschwindet Mucks? → **k.7**
	• Ein Kapitel oder einen Textabschnitt gestaltend vorlesen und auf Kassette aufnehmen	• Zonja als Einzelgängerin (Kap. 1) • Mucks rastet aus (Kap. 6)
→ Strategien zum Leseverstehen kennen und anwenden		
• Leseerwartungen und -erfahrungen bewusst nutzen	• Eine Mindmap/einen Cluster mit Assoziationen erstellen (Impulse durch Titel, Umschlagbild, Klappentext, Autorin); damit einhergehend eine Leseerwartung aufbauen, Vorwissen aktivieren; ein Lesemotiv formulieren	• Freundschaft und Liebe • Eltern und Kinder • Gewalt in der Familie
	• Bezüge zur eigenen Lebenswirklichkeit herstellen	• Über Namen sprechen (Kap. 1) → **k.2** • Hilfe für Mucks (Kap. 3/4) → **k.3** • Das Verhalten der Eltern (Kap. 11/12) → **k.7** • Warten (Kap. 13/14) → **k.8**
• Textschemata erfassen, z. B. Textsorte, Aufbau des Textes	• Die Erzählkonstruktion analysieren	• Rückblenden im Roman auffinden • Äußere und innere Handlung
• Verfahren zur Textstrukturierung kennen und selbstständig anwenden	• Wesentliche Textstellen kennzeichnen	• Andeutungen: Mucks' Geheimnis (Kap. 3/4) → **k.3** • Zonjas Gefühle und Stimmungen (Kap. 7/8) → **k.5** • Zonja und Mucks im Vergleich (Kap. 7/8) → **k.5** • Eine dramatische Auseinandersetzung (Kap. 9/10) → **k.6**
	• Den Text gliedern	• Stichwörter ordnen (Kap. 5/6) → **k.4** • Intro-Texte und Kapitel-Inhalte (ganzer Roman) → **k.9** • Tabellarische Kapitelübersicht → **i.4**
	• Kapitel- bzw. Abschnittsüberschriften formulieren	• Überschriften zu einzelnen bzw. allen Kapiteln verfassen (vgl. → **i.4**)
	• Fragen aus dem Text ableiten	• Warum zieht Mucks so oft um? • Hat das Buch ein Happy End? → **k.11**
	• Bezüge zwischen Textteilen herstellen	• Zonjas Gefühle (Kap. 7/8) → **k.5** • Beziehung Zonja/Mucks (ganzer Roman)
• Verfahren zur Textaufnahme kennen und nutzen	• Texte und Textabschnitte stichwortartig zusammenfassen	• Steckbrief zu Mucks oder Zonja (Kap. 1–4) → **k.3** • Wohnsituation und Familie (Kap. 7/8) → **k.5**
	• Eine Inhaltsangabe mithllfe von Satzstreifen oder anderen Hilfsmitteln erstellen	• Pfefferspray (Kap. 5/6) → **k.4** • Nach der dramatischen Auseinandersetzung (Kap. 11/12) → **k.7**
	• Eine wichtige Textstelle visualisieren	• Zonja rettet Mucks im Freibad (Kap. 1/2) → **k.2** • Die Hauptfiguren (Kap. 1–4) → **k.3**
	• Zu vorgegebenen Antworten Fragen verfassen	• Pfannkuchen und Weltall (Kap. 3/4) → **k.3**
	• Fragen zum Text beantworten	• Fritz (Kap. 11/12) → **k.7** • Zonja in Entscheidungsnot (Kap. 11/12) → **k.7**

Bildungsstandards	Methoden	Beispiele
• Verfahren zur Textaufnahme kennen und nutzen (Forts.)	• Einen Lückentext bearbeiten	• Zonja lernt Mucks kennen (Kap. 1/2) → **k.2** • Nicht mehr da (Kap. 11/12) → **k.7** • Inhaltsangabe zum ganzen Roman als Lückentext
	• Aussagen am Text überprüfen	• Gewitter und Glasscherben (Kap. 9/10) → **k.6** • Die Unterstützung der Eltern (Kap. 11/12) → **k.7**
	• Aussagen erklären und konkretisieren	• Irgendetwas stimmt nicht mit Mucks (Kap. 5/6) → **k.4**
	• Stichwörter formulieren und damit ein Kapitel nacherzählen	• Überhaupt keine Ahnung (Kap. 5/6) → **k.4** • Stichwörter zum ganzen Roman
→ Literarische Texte verstehen und nutzen		
• Ein Spektrum altersangemessener Werke – auch Jugendliteratur – bedeutender Autorinnen und Autoren kennen	• Leben und Werk der Autorin kennenlernen	• Die Autorin → **i.1** • Interview mit Stefanie Höfler → **i.2**
	• Thematisch verwandte Jugendromane kennenlernen	→ **i.6**
• Zentrale Inhalte erschließen	• Ein Unterrichtsgespräch zum Text anhand von Leitfragen führen	• Hinweise auf Gewalt in der Familie (ganzer Roman) und → **k.3** • Vergleich Zonjas Familie/Mucks' Familie (Kap. 1–4) → **k.3**
	• Einsatz anderer Medien/inhaltlich entsprechend orientierter Zusatztexte zur Erarbeitung der Romanthemen	• Interview zum Thema »Gewalt in der Familie« → **i.5** • Weiterführende Literatur → **i.6** • Filme, Hörfunkbeiträge, Zeitschriftenartikel und Internetquellen zu den Themen des Romans
• Wesentliche Elemente eines Textes erfassen, z.B. Figuren, Raum- und Zeitdarstellung, Konfliktverlauf	• Den zeitlichen Verlauf des Romans erarbeiten und darstellen	• Kapitelübersicht zum Roman → **i.4** • Stimmungskurve Zonjas → **k.5** • Überblicks-Plakat zum Roman gestalten
	• Eine Figurenkonstellation/ein Soziogramm erarbeiten	• Figurenkonstellation → **i.3** • Grafische Umsetzung der Figurenkonstellation
	• Die Beziehung zwischen Figuren herausarbeiten	• Mucks und Zonja sowie Mucks und sein Vater zu Beginn und am Ende des Romans • Beziehung Zonja/Mucks (ganzer Roman)
	• Figuren charakterisieren; relevante Textstellen mithilfe der Kapitelübersicht auffinden → **i.4**	• Zonja und Mucks (Kap. 1–4) → **k.3** • Mucks und Zonjas Zuhause im Vergleich (Kap. 7/8) → **k.5** • Zonjas Stimmungskurve (Kap. 7/8) → **k.5**
	• Handlungsräume analysieren, auch hinsichtlich der Symbolik	• Haus und Wohnung (Kap. 7/8) → **k.5** • Das Maislabyrinth (Kap. 9/10) → **k.6**
	• Ein Thema bzw. Motiv über den ganzen Roman hinweg verfolgen	• Der wertvollste Stein/Kieselstein (Kap. 1–14) → **k.8** • Einzelgänger und Außenseiter
	• Den Konfliktverlauf zwischen Figuren grafisch bzw. verbal darstellen	• Beziehungskurve Zonja/Mucks
• Wesentliche Fachbegriffe zur Erschließung von Literatur kennen und anwenden	• Die Erzählperspektive wechseln: eine Textstelle aus anderer Perspektive erzählen	• Die Rettungsaktion (Kap. 2) aus Mucks' Perspektive • Matis mutiges Einschreiten (Kap. 10) aus der Perspektive von Mucks
	• Äußere und innere Handlung unterscheiden	• Zonjas Gefühle (Kap. 7/8) → **k.5**
	• Leerstellen des Romans füllen	• Bei Mucks' Zuhause nach seinem Ausraster bis zu Zonjas Eintreffen (Kap. 6/7) • In Mucks' Wohnung nach Zonjas Weggehen (Kap. 10)
	• Den Spannungsverlauf untersuchen/eine Spannungskurve erstellen	• Zonjas Rettungstat (Kap. 2) • Spannungskurve zum gesamten Roman → **k.9**

Bildungsstandards	Methoden	Beispiele
	• Einen inneren Monolog einer Figur verfassen	• Mucks nach seiner Rettung und dem ersten Kennenlernen (Kap. 2) • Mati nach ihrem Eingreifen bei Mucks (Kap. 10) • Tagebucheinträge der Figuren am Romanende
• Sprachliche Gestaltungsmittel in ihren Wirkungszusammenhängen und in ihrer historischen Bedingtheit erkennen, z. B. Wort-, Satz- und Gedankenfiguren, Bildsprache (Metaphern)	• Die Namen von Figuren oder Schauplätzen unter die Lupe nehmen	• Zonjas Vorname (Kap. 1/2) → **k.2** • Mucksmäuschenstill • Freibad als Ort der Freiheit
	• Sprachliche Bilder/Metaphern und mögliche Symbole im Text erkennen, ihre Bedeutung verstehen und über ihre Leistungen diskutieren	• Vergleiche und Metaphern im Roman auffinden (Kap. 5/6) → **k.4** • Wetterbeschreibungen symbolisch deuten (Kap. 9/10) → **k.6** • Weitere symbolhafte Elemente im Buch (ganzer Roman) → **k.6**
	• Redeformen (Figurenrede, Erzählerrede) identifizieren	• Gespräch über das Weltall (Kap. 4)
	• Stilaspekte untersuchen	• Rückblenden auffinden: Mut (Kap. 9) • Spannungskurve erstellen (ganzer Roman) → **k.9** • Äußere und innere Handlung
• Eigene Deutungen des Textes entwickeln, am Text belegen und sich mit anderen darüber verständigen	• Eine kontroverse Diskussion zu bestimmten Aspekten oder Figuren führen	• Hätte Mucks früher die Wahrheit über seinen Vater sagen sollen? • Warum ist Mucks' Mutter so machtlos gegen ihren Mann?
	• Mittels Alter-Ego-Technik die möglichen Gedanken von Figuren darstellen	• Die Rettung (Kap. 2), das Abendessen (Kap. 3), Auseinandersetzung (Kap. 10) und Mucks' Oma (Kap. 14) → **k.9**
	• Den Spannungs- bzw. Stimmungsbogen des Romans/eines Kapitels grafisch darstellen	• Spannungskurve zum ganzen Roman → **k.9** • Stimmungskurve von Zonja (Kap. 3/4) → **k.5**
	• Eine Rezension zum Roman verfassen	• Rezensionen im Internet recherchieren • Eine eigene Rezension verfassen
• Analytische Methoden anwenden	• Den Inhalt eines Textabschnitts rekonstruieren und wiedergeben	• Romananfang (Kap. 1/2) → **k.2** • Pfefferspray (Kap. 5/6) → **k.4** • Himbeerkuchen statt Museum (Kap. 11/12) → **k.7**
	• Den antizipierten und realen Handlungsverlauf vergleichen	• Mit Mucks stimmt etwas nicht (Kap. 5/6) → **k.4** • Mucks kommt nicht (Kap. 12) → **k.7**
	• Untersuchen, wie im Text Spannung erzeugt wird	• Andeutungen zu Mucks (ganzer Roman) → **k.9** • Spannungskurze zum Roman → **k.9**
	• Ein Kapitel mit einem subjektiven »Untertext« versehen	• Zonjas Rettungstat (Kap. 2) • Mucks lehnt sich gegen seinen Vater auf (Kap. 10)
	• Handlungsmotive einer Figur herausarbeiten	• Einzelgängerin Zonja (Kap. 1) → **k.2** • Mucks' Situation (Kap. 3/4) → **k.3** • Die Geschichte von Fritz (Kap. 11/12) → **k.7** • Zonja muss sich entscheiden (Kap. 11/12) → **k.7**
	• Textstellen interpretieren und mit eigenen Worten erklären	• Zonja und Mucks (Kap. 5/6) → **k.4** • Die Geschichte von Fritz (Kap. 11/12) → **k.7** • Himbeerkuchen oder Museum? (Kap. 11/12) → **k.7**
	• Den thematischen Hintergrund des Romans erhellen	• Freundschaft • Gewalt in der Familie → **i.5** → **k.7**
	• Eine gemeinsame Reflexion der Lektüre durchführen	• Bei einem Abschlussgespräch Einschätzungen und Bewertungen austauschen
	• Ein eigenes Lesetagebuch bzw. einen Leseordner zum Roman führen	• Individuelle Einträge • Eigenes Cover gestalten während bzw. nach der Lektüre

Bildungsstandards	Methoden	Beispiele
• Produktive Methoden anwenden	• Einen Comic oder eine Fotostory zu einem Kapitel des Romans erstellen	• Zonjas Rettungstat (Kap. 2) • Mucks rastet aus (Kap. 6/7)
	• Einen Steckbrief zu einer Figur erstellen	• Zonja und Mucks (Kap. 1–4) → **k.3** • Mucks' Vater
	• Ein fiktives Interview mit einer Figur führen	• Interviews mit den Figuren am Ende des Romans
	• Einen fiktiven Dialog zwischen Romanfiguren verfassen	• Zonja und ihre Eltern sprechen nach dem gemeinsamen Abendessen miteinander (Kap. 3) • Mucks und Zonja am Romanende
	• Gedanken und Gefühle der Figuren imaginieren	• Mucks bei der Rettung im Freibad (Kap. 2) • Mati in Mucks' Wohnung (Kap. 10)
	• Den Roman weiterdenken und -schreiben	• Zonja und Mucks treffen sich noch einmal • Zonjas Eltern und Mucks' Mutter sprechen miteinander (Kap. 10)
	• Eine Textstelle weiterschreiben	• Mucks kommt nach seinem Regentanz zu Hause an (Kap. 9) • Zonja und Mucks treffen sich noch einmal (Kap. 14)
	• Eine Textstelle umschreiben	• Mucks erzählt Zonja, warum er nicht schwimmen kann (Kap. 6) • Mucks verabschiedet sich von Zonja (Kap. 13)
	• Standbilder prägnanter Szenen darstellen und erraten lassen	• Abendessen (Kap. 3/4) → **k.3** • Die Auseinandersetzung zwischen Mucks und seinem Vater (Kap. 10)
	• Einen Brief einer Figur an eine andere Figur verfassen	• Zonja schreibt an Mucks (Kap. 14) → **k.8** • Mucks schreibt ausführlich an Zonja (am Romanende)
	• Einen Brief an eine Figur verfassen	• An Mucks nach der Rettung im Freibad (Kap. 2) • An Zonja nach ihrem vergeblichen Besuch bei Mucks (Kap. 13) • An eine Hauptfigur am Ende des Romans
	• Zu einem Kapitel einen Tagebucheintrag verfassen	• Zonjas Tagebucheintrag am Abend (nach Kap. 10) → **k.6** • Mucks' Tagebucheintrag nach seiner erneuten Flucht (nach Kap. 13)
	• Eine Ich-Erzählung einer Figur verfassen	• Die Rettungsaktion aus Mucks' Perspektive (Kap. 2) • Das Abendessen aus Matis Perspektive (Kap. 3) • Matis Einschreiten (Kap. 10)
	• Eine Reportage bzw. einen Zeitungsbericht über eine Textstelle verfassen	• Rettungstat im Freibad (Kap. 2) • Familie flüchtet vor gewalttätigem Vater
	• Ein literarisches Rollenspiel z. B. zu einer Szene durchführen	• Die Rettung (Kap. 2), das Abendessen (Kap. 3), Auseinandersetzung (Kap. 10) und Mucks' Oma (Kap. 14) → **k.9**
	• Einen Handlungsort oder eine Szene malen, zeichnen oder nachbauen	• Zonjas Rettungstat (Kap. 2) → **k.9** • Mucks' Wohnung • Das Maislabyrinth
	• Eine thematische Aktion durchführen	• Gewalt in der Familie/Hilfe für Kinder • Freundschaft
	• Ein Rätsel zu einem Kapitel oder zum Roman erstellen bzw. lösen	• Kreuzworträtsel • Silbenrätsel → **k.2**
	• Ein alternatives Titelbild erstellen	• Bildmaterial über Bildagenturen • Als Cover für das Lesetagebuch

Bildungsstandards	Methoden	Beispiele
	• Ein Plakat bzw. eine Collage zum Buch erstellen	• Mit Zeichnungen, Zeitschriftenausschnitten, Textzitaten etc.
	• Ein Hörspiel verfassen	• Zonja rettet Mucks (Kap. 2) • Mucks lernt schwimmen/Begegnung mit Sebastian (Kap. 8)
	• Ein Gedicht zu einem Kapitel verfassen	• Freundschaft • Zonjas Einsamkeit nach Mucks' Verschwinden (Kap. 13) • Entweder aus der Perspektive einer Figur (lyrisches Ich) oder aus der eines allwissenden Autors
• Handlungen, Verhaltensweisen und Verhaltensmotive bewerten	• Sympathie/Antipathie zu den Figuren thematisieren	• Sympathiekurven zu Figuren erstellen • Erster Eindruck von Zonja und Mucks (Kap. 1–4) → **k.3** • Figuren nach Sympathie ordnen
	• Zu den Romanfiguren Stellung beziehen, ihr Verhalten und Handeln bewerten und kommentieren	• Die Freundschaft zwischen Mucks und Zonja • Die Reaktionen von Zonjas Eltern (Kap. 1–12) → **k.7**

→ Sach- und Gebrauchstexte verstehen und nutzen

• Hintergrundinformationen suchen, verstehen, auswerten und vergleichen	• Eine Collage erstellen	• Freundschaft und Liebe • Kinder und Eltern • Freibad im Sommer

→ Medien verstehen und nutzen

• Informationsmöglichkeiten nutzen	• Internet- und Buchrecherche zu Themen des Romans	• Freundschaft • Gewalt in der Familie → **i.5**
• Medien zur Präsentation und ästhetischen Produktion nutzen	• PowerPoint-Präsentationen bzw. Hypertexte erarbeiten, vorstellen und reflektieren	• Die Autorin Stefanie Höfler • Sprachbilder und Symbole in »Mein Sommer mit Mucks«

Vorschlag für eine Unterrichtseinheit: »Mein Sommer mit Mucks« in inklusiven Klassen

u.6

Jede Unterrichtseinheit zu einem Jugendroman nimmt sinnvollerweise Bezug auf die konkreten Lernvoraussetzungen Ihrer Schüler:innen, aber auch auf Ihre eigenen Erfahrungen und Planungsziele. Wir möchten Ihnen hier ein Grobraster für eine Unterrichtseinheit zu »Mein Sommer mit Mucks« vorstellen. Die Einheit besteht aus vier unterschiedlichen Modulen:

- Modul A: Den Roman lesen und erarbeiten
- Modul B: Thematische Aspekte bearbeiten
- Modul C: Projektorientiert mit dem Roman arbeiten
- Modul D: Die Lektüre reflektieren

Empfehlenswert ist der Einsatz eines Lesetagebuchs bzw. Leseordners. Hier finden eigene Gedanken und Notizen, aber auch im Unterricht erarbeitete Aspekte Platz. Somit ist eine Sicherung der Ergebnisse gewährleistet.

Die Kopiervorlagen auf drei Niveaustufen bieten gerade den Lehrer:innen, die in inklusiven bzw. stark heterogenen Klassen unterrichten, die Möglichkeit, alle Schüler:innen individuell zu fördern und ihnen Erfolgserlebnisse im Umgang mit dem Buch zu ermöglichen. Die Materialien bieten, neben niveauunterschiedlichen Lernphasen in Einzel-, Partner- oder Gruppenarbeit, immer wieder auch gemeinsame Phasen, in denen sich alle Schüler:innen der Lerngruppe über ihre Leseprozesse gemeinsam verständigen können. Die Schüler:innen, die auf dem grundlegenden Niveau lernen, arbeiten mit der vereinfachten Textfassung »Mein Sommer mit Mucks. In Einfacher Sprache«. Einfache Sprache entspricht dem Sprachniveau A2/B1 und richtet sich an Kinder mit LRS oder geringen Deutschkenntnissen. Die Kopiervorlagen des G-Niveaus (k.1) beziehen sich auf diese Textfassung, die Kopiervorlagen des M-Niveaus (M = mittleres) (k.1) und des E-Niveaus (E = erweitertes) (k.1) auf die andere Textfassung.

Einstiegssequenz
(2–4 Unterrichtsstunden)

- Gemeinsames Betrachten des Buchcovers, Vermutungen zu Titel und Titelbild anstellen (Schauplatz, Zeit, Figuren)
- Assoziationen zum Umschlagtext stichwortartig auf einem Plakat als Mindmap sammeln und in der Klasse aufhängen
- Erstellen eines Zeilometers (**k.1**)
- Ein Lesetagebuch/einen Leseordner anlegen (Titelbild gestalten, Anlegen eines Inhalts- und Figurenverzeichnisses, Informationen zur Autorin)
- Kapitel-Nummern im Buch eintragen (1 bis 14)
- Gemeinsames Lesen von Kapitel 1 und 2; Annäherung an die Hauptfiguren Zonja und Mucks

Modul A: Den Roman lesen und erarbeiten

- Lektüre der Erzählung teils häuslich (z. B. mit Notizen ins Lesetagebuch/in den Leseordner oder ins Heft), teils im Unterricht (Vorlesen durch Lehrer:in und Schüler:innen, stille/freie Lesephasen)
- Schwerpunktmäßige Bearbeitung des Romans mithilfe der Kopiervorlagen → **k.2** bis **k.9**
- Weitere Anregungen aus der »Methodenkiste« in diesem Heft → **u.5**

Modul B: Thematische Aspekte bearbeiten

- Weiterführende Quellen und Materialien zum Beispiel zu den Themen »Freundschaft/Liebe« und »Gewalt in der Familie« (auch im fächerübergreifenden Unterricht)
- Präsentation der Arbeitsergebnisse, z. B. durch Plakatvortrag, Powerpoint-Präsentation, Wandzeitung, Rollenspiel oder andere Formen

Modul C: Projektorientiert mit dem Roman arbeiten

- An unterschiedlichen, selbst gewählten Themen in Einzel-, Partner- bzw. Gruppenarbeit arbeiten
- Bearbeitung der Kopiervorlagen, die nicht in Modul A und B eingesetzt wurden
- Weitere Anregungen aus der »Methodenkiste« in diesem Heft → **u.5**
- Präsentation von Arbeitsergebnissen (s. o.)

Modul D: Die Lektüre reflektieren

- Präsentation von Arbeitsergebnissen aus den Lesetagebüchern bzw. Leseordnern
- Verfassen einer Rezension zum Roman (z. B. als Lernzielkontrolle)

ⓘ Infoblätter

© Christina Neidenbach / Beltz & Gelberg

DIE AUTORIN STEFANIE HÖFLER

i.1

Stefanie Höfler, geboren 1978, studierte Germanistik, Anglistik und Skandinavistik in Freiburg und Dundee/Schottland. Sie arbeitet als Lehrerin und Theaterpädagogin und lebt mit ihrer Familie in einem kleinen Ort im Schwarzwald.

Nach »Mein Sommer mit Mucks« ist 2017 das zweite Buch »Tanz der Tiefseequalle« von Stefanie Höfler erschienen.

Auszeichnungen

2016 Nominierung Deutscher Jugendliteraturpreis
2016 Leipziger Lesekompass
2015 Nachwuchspreis für deutschsprachige Kinder- und Jugendbuchautoren der Deutschen Akademie für Kinder- und Jugendliteratur e.V.
2015 Die besten 7 Bücher für junge Leser (Deutschlandfunk), Juni
2015 Buch des Monats April des Instituts für Kinder- und Jugendliteratur Österreich

INTERVIEW MIT DER AUTORIN STEFANIE HÖFLER: »ZONJA IST SO, WIE ICH GERNE GEWESEN WÄRE«

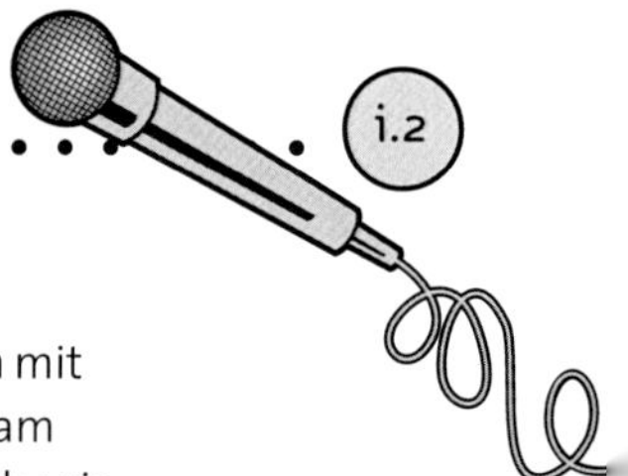

i.2

Stefanie Höfler über ihre Idee zum Buch, ihre Lieblingsstelle und das Ende von »Mein Sommer mit Mucks«

Liebe Frau Höfler, mögen Sie das Brettspiel »Scrabble« besonders?

Ehrlich gesagt habe ich es lange nicht gespielt, aber früher mochte ich es – allerdings gab es in meiner Familie, mit der ich es als Kind oft gespielt habe, immer Diskussionen darüber, ob es die Wörter, die wir da geschrieben haben, wirklich gibt. Manchmal waren die nämlich ziemlich absurd.

Wie entstand bei Ihnen die Idee zu »Mein Sommer mit Mucks«? Was war zuerst da? Die Idee zu einer ungewöhnlichen Freundschaft zwischen zwei Kindern, das schwierige Thema »Gewalt in der Familie«, Mucks seltsamer Spitzname oder das Freibad als Location?

Bei diesem Buch hat die Geschichte tatsächlich mit Mucks angefangen, also mit der Figur. Mucks kam eines Tages in meinen Kopf gepurzelt, so ähnlich, wie er in der Geschichte in Zonjas Leben purzelt. Ich stand da gerade unter der Dusche, und da hatte ich plötzlich diesen Jungen vor Augen, genauso, wie ich ihn nachher beschrieben habe. Und da hatte ich plötzlich Lust, für diese Figur eine Geschichte zu erzählen.

Wie verlief der Schreibprozess? Haben Sie oft Textteile überarbeitet oder gestrichen?

Ich schreibe am PC und bin ein schrecklicher Textstreicher. Manchmal lese ich wochenlang nochmal alles von Anfang an und komme gar nicht weiter, weil ich schon für das Streichen und Überarbeiten so lange brauche, dass Zeit und Energie dann gar nicht mehr für etwas Neues reichen oder weil es auch vorkommt, dass ich plötzlich alles überhaupt nur noch blöd finde, was ich geschrieben habe. Wenn die Geschichte schon weiter fortgeschritten ist, dann gibt es dafür auch wieder Kapitel, die fast gar nicht überarbeitet werden, weil alles einfach gleich genauso passt, wie es ist.

? *Sie haben die Geschichte aus der Ich-Perspektive von Zonja erzählt – gab es für Sie auch Alternativen?*

Am Anfang einer Geschichte probiert man viel herum, wie sich der Erzähler anhören muss – das ist für mich das Wichtigste überhaupt, damit es eine gute Geschichte wird. Ist die Stimme erstmal gefunden, dann »flutscht« alles. Bei Mucks hat sich das mit der Perspektive sehr schnell ergeben, weil sich alles andere für mich falsch angehört hat.

? *Wie viel der jugendlichen Stefanie Höfler steckt in Zonja?*

Meine Leser denken immer: viel. Ich glaube, Zonja ist ein bisschen so, wie ich gerne gewesen wäre. Klar hat sie auch Eigenschaften, die ich meinem eigenen Kinder-Ich geklaut habe: die Liebe zu den Wörtern (siehe oben: Scrabble!) zum Beispiel – oder die fast besessene Freude am Beobachten. Ich war aber nicht halb so mutig wie Zonja, sondern sehr, sehr schüchtern.

? *Welches ist Ihre Lieblingsfigur im Roman?*

Mati.

? *Und Ihre Lieblingsstelle?*

Hm. Ich glaube, Kapitel 13, das Regenkapitel. Das ist gar nicht dramatisch und gar nicht so spannend, aber es passiert ganz viel Kleines, was sehr echt ist, also: nah an den Dingen, so, wie sie wirklich passieren.

? *Im Roman finden sich zahlreiche bildhafte Elemente, Vergleiche und Metaphern: Ein blauer Fleck an derselben Stelle wie Siegfried, dass Zonja Mucks vor dem Untergehen rettet, Mucks' Haus als Riesenmonster, Zonjas Familie als Sonnensystem. Planen Sie solche Elemente bewusst ein oder fließen sie Ihnen aus der Feder bzw. Tastatur?*

Ich glaube, das ist so die Art, wie ich die Welt anschaue. Ich schaue sehr viel und genau, vielleicht auch, weil ich ziemlich neugierig bin: auf Leute, auf Sachen, auf Situationen. Und da denke ich oft bei Dingen gleich etwas anderes mit, an das die Dinge mich erinnern. Tatsache ist, dass ich viele Bilder gar nicht als solche wahrnehme – das mit dem »Untergehen« zum Beispiel habe ich überhaupt nicht als Metapher gedacht, sondern ganz real: Zonja rettet Mucks vor dem Ertrinken. – Aber das ist ja das Tolle, dass die Leser immer viel mehr oder ganz anderes wahrnehmen als das, was der Autor vielleicht schon beabsichtigt hat.

? *Haben Sie beim Schreiben mit dem Gedanken gespielt, bestimmte schwer verdauliche Szenen des Romans draußen zu lassen, weil sie ihren jugendlichen Leser:innen nicht zu viel zumuten wollten?*

Nein. Ich glaube, dass Kinder und Jugendliche erstmal ziemlich wenig »schwer verdaulich« finden, auf jeden Fall aber weniger, als Erwachsene denken. Weil sie weniger voreingenommen sind.

? *Stand für Sie das Ende des Romans von vornherein fest? Wäre eine Option gewesen, Mucks noch einmal zurückkommen zu lassen?*

Nein, das Ende stand nicht fest. (siehe oben). Mucks zurückkommen zu lassen, wäre mir zu wenig offen gewesen – ich will eigentlich, dass jeder Leser sich selbst überlegt, wie es weitergehen könnte. Witzigerweise fragen mich fast nur erwachsene Leser, warum ich das so unklar gelassen habe. Die jüngeren Leser, mit denen ich darüber gesprochen habe, haben meistens schon eine eigene Idee, wie das weitergehen könnte, mit Zonja und Mucks.

? *Wie würden Sie sich die Behandlung Ihres Romans im Unterricht wünschen?*

Sehr praktisch: mit vielen Diskussionen oder Erzählrunden über das eigene Erleben von Familie, Freundschaft, Gewalt, vielleicht sogar mit Spaziergängen zum Statistiken-Aufstellen oder Barfußlaufen. Auch kreativ schreiben fände ich super – vielleicht erfindet der eine oder andere ein neues Ende, passende Figuren, einen längeren Brief von Mucks an Zonja ...

? *Welche Erfahrungen machen Sie, wenn Sie aus dem Roman vor Kindern bzw. Jugendlichen lesen?*

Großartige. Kinder und Jugendliche sind ein herrliches Publikum, da wird laut gelacht, sich geekelt und aufgeregt, und wir kommen dauernd ins Gespräch, es werden auch kritische Fragen gestellt und eigene Geschichten erzählt, ich treffe da viele Geschichtenerzähler. Wenn ich vor Erwachsenen lese, fühle ich mich ein bisschen wie im Vakuum, weil höchstens mal freundlich gelächelt wird. Vor Kindern und Jugendlichen zu lesen, macht mir immer noch sehr, sehr viel Spaß.

Vielen Dank für das Gespräch, Frau Höfler!

Interview: Marc Böhmann (Februar 2016)

FIGURENKONSTELLATION

i.3

Oma Linda/ Opa Andor

Oma Hilda
- trifft sich immer mittwochs mit Zonja

Fabians Oma
- flüchtet mehrmals vor ihrem Sohn
- erzählt Zonja alles über Mucks' Familie

Zonjas Mama (Mati)
- Apothekerin
- Leseratte
- hat wilde Locken
- kroatische Wurzeln
- früherer Kinderfreund Fritz (†)

Zonjas Papa
- Mathematiker
- kann gut zuhören
- kann kochen

Fabians Mutter
- ist machtlos gegenüber ihrem Mann
- ist depressiv
- zieht mit ihrem Sohn mehrmals um

Fabians Papa
- war Bankangestellter, seit zwei Jahren arbeitslos
- ist gewalttätig und jähzornig
- verfolgt seine Frau und seinen Sohn

Zonja

- 12 Jahre alt
- schulterlange, blonde Haare
- neugierig
- führt Notizbuch mit Fragen
- beobachtet gerne Menschen
- Außenseiter-Typ
- Einzelkind
- versteht sich gut mit ihren Eltern
- wohnt mit ihrer Familie in einem gemütlichen Haus in der Nähe von München

Mucks (Fabian Sander)

- 13 Jahre alt
- groß, dünn
- rotblonde Haare, abstehende Ohren
- spielt gerne Scrabble
- Außenseiter-Typ
- Einzelkind
- kann nicht schwimmen
- versteht sich nicht gut mit seinen Eltern
- ist aus Berlin hergezogen
- wohnt in einem Hochhaus im Fasanenacker

Frau Knoer
- Klassenlehrerin
- Deutschlehrerin

Zonjas Mitschüler
- Ali, schreibt Gedichte
- Sebastian, frech
- Paul, engagierter Neuntklässler

Ehemalige Freunde in Berlin
- Seb
- Spatz
- Jule

Herr Martinovic
- Hausmeister der Schule
- Geschichts-Experte

Dicker Bademeister

Blondes Mädchen mit roten Schuhen

i.4 Tabellarische Kapitelübersicht zur Originalfassung

Kapitel	Seite	Erzähltes Geschehen
1	7–15	Intro-Text: Der Elefant als Einzelgänger Zonja berichtet über sich, ihr Leben und ihre Familie. Sie ist 12, leidet unter ihrem ungewöhnlichen Vornamen, ist sehr neugierig und sammelt täglich Fragen, die sie in Listen in ihrem Notizheft notiert. Ihre Mutter Mati ist Apothekerin, ihr Vater Mathematiker. Ihre Mitschüler halten sie für eine Spinnerin, Zonja verbringt ihre Pausen alleine. Heute ist der letzte Schultag, es gibt Zeugnisse und Zonja geht mit gemischten Gefühlen in die Sommerferien, weil ihre Familie nicht in Urlaub fährt und ihr in den Ferien oft langweilig ist. Sie hat vor, regelmäßig ins Freibad zu gehen.
2	16–23	Intro-Text: Schwimmbadwasser Zonja ist im Freibad. Es ist heiß und das Bad ist sehr gut besucht. Sie beobachtet die Leute im und am Wasser und stellt Statistiken auf. Sie beobachtet einen dünnen, etwa gleichaltrigen Jungen am Beckenrand, den sie noch nie gesehen hat. Er hat ungewöhnlich abstehende Ohren und auf der Schulter einen blauen Fleck. Als zwei kleine Kinder Fangen spielen, hält sich eines der Kinder an dem großen Jungen fest, woraufhin dieser ins Wasser fällt. Zonja bemerkt, dass der Junge offenbar nicht schwimmen kann, springt mitsamt ihrer Kleidung ins Wasser, ergreift ihn und zieht ihn im Klammergriff zum Beckenrand. Der Junge bedankt sich wortkarg bei ihr und stellt sich als »Mucks« vor. Mucks lädt Zonja zum Eis und zum Scrabble-Spielen ein, was Zonja gerne annimmt. Offenbar hat er bislang gegen sich selbst gespielt. Zonja findet das seltsam.
3	24–31	Intro-Text: Einzelkinder Zonja ist Einzelkind, wie Mucks auch. Seit drei Tagen spielen beide im Freibad Scrabble, ohne schwimmen zu gehen. Mucks reagiert auf Zonjas Fragen zu seinen Eltern ausweichend, möchte aber viel von Zonjas Familie wissen. Sie lädt ihn spontan zum Abendessen ein. Zuhause macht ihr Vater Pfannkuchen. Mucks erzählt, dass er gerade erst aus Berlin hergezogen ist, weil seine Mutter seinen Vater verlassen hat. Mucks isst sehr viel und bleibt auch noch lange nach dem Abendessen bei Zonjas Familie. Das findet Zonja merkwürdig. Mucks geht mit Zonja in den Garten und zeigt ihr seine Lieblings-Sternbilder. Beim Rausgehen fasst Mucks Zonja am Arm an, sie findet es schön.
4	32–38	Intro-Text: Weltall Zonja und Mucks liegen im Garten im Gras, schauen in den Himmel und sprechen über Sternbilder. Es wird langsam dunkel. Zonja möchte mehr von Mucks erfahren und erzählt von ihrer Fünfmeterbrett-Angst. Doch Mucks geht nicht darauf ein. Sie sprechen weiter über Sterne und das Weltall. Zonja erinnert sich an das Planetenmodell, das ihr Vater mit ihr gebaut hat. Dann sprechen beide doch über ihre Ängste. Mucks sagt, dass er Angst vor seinem Vater hat.
5	39–48	Intro-Text: Analphabeten Mucks erzählt im Freibad traurig und ärgerlich zugleich von seinem Vater: Dass er nicht zuhören kann, seinen Sohn nicht unterstützt und sich nicht für ihn interessiert. Er solle immer mucksmäuschenstill sein. Mucks nennt ihn nicht »Papa«, sondern »mein Vater«. Jetzt versteht Zonja, woher Mucks seinen Spitznamen hat. Warum Mucks aber Angst vor seinem Vater hat, weiß Zonja noch immer nicht. Eigentlich sollte heute Mucks' Schwimmkurs mit Zonja starten. Zonja zieht ihn zum Becken und spürt, wie nervös er ist. Im Nichtschwimmerbecken bittet sie ihn, sich auf dem Rücken auf die Wasseroberfläche zu legen. Es klappt zuerst, Mucks hat dann aber panische Angst, unterzugehen, und hält sich an Zonja fest. Plötzlich fängt er heftig an zu lachen und steckt Zonja damit an. Zurück auf den Handtüchern fragt er sie, ob sie kochen kann.
6	49–55	Intro-Text: Hormone beim Verlieben Zonja erzählt Mucks nachmittags im Freibad vom Verlieben ihrer Eltern. Sie unterhalten sich über Schulfächer und in welche Klasse Mucks nach den Sommerferien vielleicht kommt. Dann fragt sie ihn, warum er noch nicht schwimmen kann. Mucks springt auf, ist völlig außer sich, reißt dabei Zonjas Arm hoch und schreit sie mit verzerrtem Gesicht an, dass er ihren Heile-Welt-Quatsch nervtötend findet, sie überhaupt keine Ahnung hat und er nichts mehr mit ihr zu tun haben will. Dann rennt er weg. Zonja ist sehr verstört und weint. Sie packt Mucks' Schwimmsachen ein und ist sich sicher, dass mit ihm etwas nicht stimmt. Dann findet sie in seiner verstaubten Tasche eine Dose Pfefferspray.

Kapitel	Seite	Erzähltes Geschehen
7	56–68	Intro-Text: Höchste Gebäude und andere Häuser Zonja geht zu den Hochhäusern im Fasanenacker, um Mucks seine Tasche zu bringen. Sie findet das Klingelschild und ihr wird geöffnet. Mit einem klapprigen Fahrstuhl fährt sie in den siebten Stock. Eine dürre Frau im Bademantel, offenbar Mucks' Mutter, steht in der offenen Tür und weist ihr den Weg zu Fabians Zimmer. Dort sitzt Mucks auf seinem Drehstuhl und dreht sich im Kreise. Zonja hat den Eindruck, dass er geweint hat. Zonja bittet Mucks um Entschuldigung, obwohl sie nicht genau weiß, weshalb. Er bedankt sich bei ihr für das Bringen der Schwimmsachen. Zonja schaut sich in Mucks' Zimmer um, das kaum wie ein gemütliches Jugendzimmer aussieht. Dann macht Zonja einen Witz und Mucks bekommt einen Lachanfall. Er geht mit ihr auf den kleinen Balkon und erzählt ihr die Geschichte von seinem gewalttätigen Vater, vor dem die Familie seit zwei Jahren auf der Flucht ist. Zonja hat Angst, nachzufragen, weil sie vermeiden will, dass Mucks wieder ausrastet. Dann wechselt Mucks das Thema, sie sprechen über Eissorten und Sternbilder. Zonja nimmt Mucks' Hand. Sie sitzen lange gemeinsam auf dem Balkon.
8	69–80	Intro-Text: Steine Als Zonja spätabends nach Hause kommt, erwartet sie zuerst ein Donnerwetter ihrer Eltern. Zonja erzählt dann, wie Mucks wohnt. Dadurch legt sich der Ärger und die Familie backt zusammen noch Waffeln. In den nächsten Tagen gehen Mucks und Zonja wieder gemeinsam ins Freibad, spielen Scrabble und reden. Beide sprechen über Zonjas Frage, welches der wertvollste Stein ist. Dabei erzählt Mucks, dass man aus einem Verstorbenen einen Diamanten pressen kann. Zonja geht mit Mucks zum ersten Mal ins tiefere Wasser. Sie möchte ihn im Wasser ablenken und fragt ihn nach seiner Oma. Beim Erzählen schafft es Mucks, einige Augenblicke zu schwimmen, dann, als Zonja vor Freude jubelt, geht er wieder unter. Zonja rettet ihn ein zweites Mal. Im Wasser treffen sie auf Zonjas Klassenkameraden Sebastian, der sich über die beiden lustig macht. Mucks ist schlagfertig und sagt, er sei Zonjas Freund, nimmt ihre Hand und geht mit ihr in Richtung Handtuch. Später sitzen beide auf der Mauer im Freibad, Mucks erzählt weiter von seiner Oma, kommt zu dem Tag, an dem er aus Berlin vor seinem Vater geflüchtet ist, schafft es aber nicht, alles zu erzählen. Zonja spricht das Pfefferspray an. Mucks sagt, er habe es wegen seines Vaters. Auf dem Nachhauseweg hebt Mucks einen schönen Kieselstein auf und gibt ihn Zonja.
9	81–89	Intro-Text: Bungeespringen und Mut Zonja erinnert sich an eine Situation vor drei Jahren, als sie mutig war. Mati hat sie schon immer darin bestärkt, neugierig zu sein und das zu tun, was man selbst für richtig hält. Heute wirkt Mucks im Freibad sehr schlecht gelaunt. Aber Zonja traut sich nicht, ihn nach dem Grund zu fragen. Sie sieht, dass Mucks einen neuen blauen Fleck am Armgelenk hat und auch einen auf der Brust. Spätnachmittags gibt es ein großes Gewitter. Mucks stürzt sich plötzlich in den strömenden Regen und hüpft wild herum. Zonja spürt, dass Mucks verzweifelt ist. Als das Gewitter vorbei ist, setzen sich beide auf die Steinplatten und essen schweigend eine Bratwurst. Dann sagt Mucks, er müsse nach Hause gehen. Zonja schaut ihm mit einem elenden Gefühl hinterher.
10	90–100	Intro-Text: Labyrinth Am nächsten Tag hat Mati frei und schlägt vor, in ein Maislabyrinth zu gehen. Zonja ruft Mucks an, um ihn zu fragen, ob er mitkommen möchte. Niemand hebt ab. Die beiden gehen alleine ins Maislabyrinth und machen dort ein Picknick. Zonja erzählt ihrer Mutter unter Tränen, dass mit Mucks etwas nicht stimmt, dass er manchmal ausrastet, blaue Flecken hat und ein Pfefferspray mit sich herumträgt. Mati tröstet sie. Abends gegen sechs Uhr versucht Zonja, Mucks noch einmal telefonisch zu erreichen. Mucks hebt ab und Zonja hört im Hintergrund laute Geräusche, ein Klirren und einen Schrei. Dann ist die Leitung tot. Mati fährt sofort zu Mucks' Wohnung, Zonja läuft zu Fuß hinterher. Oben im siebten Stock ist die Wohnungstür angelehnt. Drinnen ist es düster. Mucks steht im Wohnzimmer neben den Scherben der Balkontür, hinter ihm steht seine Mutter. Vor Mucks steht sein großer Vater. Mucks hat in seiner erhobenen Hand eine große Glasscherbe. Er droht, seinen Vater umzubringen, und verletzt ihn an der Schulter. Zonjas Mutter geht mutig dazwischen und kann die Auseinandersetzung beenden. Dann schickt sie Zonja nach Hause.

Kapitel	Seite	Erzähltes Geschehen
11	101–107	Intro-Text: Katzen Zonja geht nach Hause. Dort ist ihr Vater, ihm kann sie alles erzählen. Als Zonja oben müde im Bett liegt, kommt er zu ihr und zeigt ihr ein vergilbtes Foto eines ungefähr zehnjährigen Jungen. Zonjas Vater erzählt ihr die Geschichte von Fritz, der mit Mati in der Nachbarschaft wohnte und mit ihr befreundet war. Seine Eltern haben ihn oft geschlagen, und dann ist Fritz an seinen Verletzungen gestorben. Zonja liegt alleine im Bett und denkt darüber nach, was in den letzten drei Wochen alles passiert ist. Später kommt Zonjas Mutter nach Hause. Beide Eltern umarmen sich. Mati weint und berichtet ihrem Mann von der aktuellen Situation. Zonja fällt kurz vor dem Einschlafen ein, dass sie gar kein Foto von Mucks hat.
12	108–118	Intro-Text: Regenwolke Am nächsten Morgen kommt Zonja zu ihren Eltern an den Frühstückstisch. Sie fragt ihre Mutter, was gestern noch passiert ist. Mati berichtet ihr, dass Mucks seinen Vater leicht verletzt hat und dieser dann verschwunden sei. Sie habe die Familie dann alleine gelassen und keine Polizei gerufen. Oma Hilde ruft an und lädt Zonja für den Nachmittag zu Himbeerkuchen ein. Zonja überlegt, Mucks anzurufen, entscheidet sich aber dagegen. Sie will warten, bis er sich bei ihr meldet. Ihr fällt auf, dass sie in den letzten Wochen nichts mehr in ihr Notizbuch geschrieben hat. Als sie aus dem Fenster sieht, sitzt Mucks im Baum. Er schlägt vor, ins Museum zu gehen. Zonja muss aber leider absagen, weil sie mit ihrer Oma verabredet ist. Er sagt, er hole sie morgen um die gleiche Zeit ab. Dann klettert er den Baum herunter und verschwindet. Zonja trifft sich mit ihrer Oma und verbringt mit ihr den Nachmittag. Sie denkt darüber nach, was Mucks an diesem Nachmittag ohne sie gemacht hat.
13	119–126	Intro-Text: Regenwürmer Zonja wartet am nächsten Morgen auf Mucks. Er kommt aber nicht. Sie erinnert sich an Kinderspiele mit ihrer Mutter. Mucks kommt auch am restlichen Tag nicht bei ihr vorbei. Irritiert geht Zonja zu Mucks' Haus und stellt fest, dass die Familie offenbar ausgezogen ist. In den nächsten Tagen geht Zonja ins Freibad, auch hier taucht Mucks nicht auf. Zwei Wochen wartet sie, ohne dass sich Mucks bei ihr meldet. Wieder zuhause setzt sich Zonja auf die Terrasse und schreibt Mucks weinend einen Brief, ihre Eltern kommen hinzu und trösten sie. Sie erzählen ihr, dass sie einen Bruder bekommt.
14	127–139	Intro-Text: Sommer Drei Tage vor Beginn der Schule geht Zonja mit ihrer Mutter zum Friseur und lässt sich eine Kurzhaar-Frisur schneiden. Anschließend geht sie zum Tante-Emma-Laden, und als sie den Laden wieder verlässt, sieht sie Mucks' Oma auf der Straße stehen. Die Oma teilt Zonja mit, dass es Fabian gut geht. Als Zonja wissen will, wo er jetzt ist, sagt die Oma, das wisse sie nicht. Fabians Mutter habe sich geweigert, die Oma mitzunehmen, weil diese noch Kontakt zu ihrem Sohn habe. Dann erzählt sie Zonja, was in Berlin passiert ist: Fabians Vater hat ihn bei einem Ausflug zum Grunewaldsee absichtlich lange unter Wasser gedrückt. Dann verabschieden sich beide. Zonja und Mati gehen barfuß durch die Stadt nach Hause, so wie sie es früher oft gemacht haben. Zuhause angekommen bittet Zonjas Mutter sie, dem künftigen Bruder einen Namen zu geben. Sie entscheidet sich für »Fritz«. Am letzten Ferientag geht Zonja noch einmal ins Freibad. Sie erinnert sich an ihren Sommer mit ihrem Freund Mucks. Dann wird sie von Paul angesprochen, der sie fragt, ob sie beim neuen Umweltschutzprojekt der Schule mitmachen möchte. Anschließend sieht sie Sebastian im Becken, der ihr zu erkennen gibt, dass ihm ihre neue Frisur gefällt. Drei Tage nach ihrem Geburtstag kommt ein Paket von Mucks: ein Scrabble-Spiel mit einem Gruß von ihm: »Der vermutlich wertvollste Edelstein aller Zeiten ist der Kieselstein.«

INTERVIEW ZUM THEMA »GEWALT IN DER FAMILIE«

»Die Dunkelziffer ist hoch«

Cordula Lasner-Tietze, stellvertretende Bundesgeschäftsführerin des Deutschen Kinderschutzbundes, über Gewalt gegen Kinder in unserer Gesellschaft und die Möglichkeiten, von Gewalt betroffenen Kindern und Jugendlichen zu helfen

Im Buch »Mein Sommer mit Mucks« leidet Mucks unter seinem gewalttätigen Vater. Ist Mucks ein Einzelfall?

Jedes Kind, das Gewalt erlebt, ist ein Kind zu viel. Die Bundesrepublik Deutschland hat bereits 1989 die UN-Kinderrechtskonvention unterzeichnet, in der das Recht des Kindes auf eine gewaltfreie Erziehung verbrieft ist. Im Jahr 2000 wurde in der Folge das Bürgerliche Gesetzbuch geändert und das Gesetz zur Ächtung der Gewalt verabschiedet.

Die Realität in Bezug auf Gewalt gegen Kinder spricht jedoch eine andere Sprache. Gemäß den statistischen Daten haben wir keine Indizien dafür, dass die Zahl der Betroffenen abnimmt. Prof. Dr. Kai Bussmann kommt in seiner Studie von 2010 zu dem Ergebnis, dass 2,5 Millionen Kinder einmal in ihrem Leben Misshandlung erfahren haben. Er sagt weiterhin, dass eine große Zahl an Gewalthandlungen im frühen Kindesalter stattfinden und Betroffene sich deshalb später weniger daran erinnern können, so dass anzunehmen ist, dass die Dunkelziffer höher ist.

Was wissen Sie über die Betroffenen von häuslicher Gewalt?

Gewalterleben hat immer gravierende Auswirkungen auf die Entwicklung eines Kindes. Entweder sind es Verletzungen am Körper, die das Kind erleiden muss, oder Kinder tragen die Ereignisse als tiefe Narben auf ihrer Seele. Diese Narben bleiben meist ein Leben lang und prägen das Selbstbild, das Selbstbewusstsein, den Blick auf die Welt und das Vertrauen in die eigenen Fähigkeiten sowie Fertigkeiten.

Wie dieses Erleben verarbeitet und in die eigene Lebensgeschichte integriert wird, ist meist abhängig davon, welche Hilfe und Unterstützung dem Kind im familiären und sozialen Umfeld gegeben werden bzw. wie zeitnah dem Bedürfnis des Kindes nach Schutz, Förderung und Mitbestimmung entsprochen wird.

Welche Hilfsangebote gibt es vom Deutschen Kinderschutzbund für betroffene Kinder und Jugendliche?

Eine wesentliche Forderung des Deutschen Kinderschutzbundes im Vorfeld der Verabschiedung des Bundeskinderschutzgesetzes im Jahr 2012 war, dass Kinder und Jugendliche einen unabhängigen Beratungsanspruch haben. Leider hat sich der Gesetzgeber zum damaligen Zeitpunkt entschieden, diesen nur in Notsituationen zu ermöglichen. Das soll mit der Novellierung des Kinder- und Jugendhilfegesetzes nun geändert werden. Denn es ist entscheidend, dass das Kind bzw. der Jugendliche bereits in der Anbahnung und der frühen Wahrnehmung von Gefährdungssituationen die Möglichkeit hat, sich Hilfe zu holen.

Ganz konkrete Hilfe leistet der Deutsche Kinderschutzbund in der Bereitstellung von Angeboten für Kinder und Jugendliche, in denen sie sich über ihre Rechte informieren, mit Personen ihres Vertrauens wichtige Fragestellungen besprechen können und selbstverständlich mitentscheiden, was zu tun ist, damit die Gefährdungssituation abgestellt wird. Hierzu haben wir eine große Anzahl an Beratungsstellen. Aber auch die Nummer gegen Kummer bietet die Möglichkeit der Hilfe und Unterstützung. Besonders wichtig ist es, gerade mit den Eltern in Kontakt zu kommen und hier frühzeitig Hilfestellung zu geben, damit die Gefährdungssituation/en in der Familie abgewendet und abgebaut werden.

Gewalt erleben die Kinder und Jugendlichen aber auch in Institutionen. Die Zunahme der Anzahl von Betroffenen in unterschiedlichen Einrichtungen wie Schulen, Kindergärten oder Heimen ist bedenklich. Beispiele für Gewalt sind Mobbing oder auch Grenzverletzungen von Kindern und Jugendlichen untereinander. Die Folgen für die Betroffenen sind ebenso schwerwiegend. Daher gilt es auch hier, frühzeitig Signale von Kindern wahrzunehmen und zeitnah zu reagieren.

Wie können Mitmenschen, z.B. in der Schule, in der Familie oder im Freundeskreis den betroffenen Kindern und Jugendlichen helfen?

Kinder nutzen, je nach Persönlichkeit, unterschiedliche Strategien. Meist öffnen sich Kinder, die in

Gewaltsituationen leben, ihren Freunden, lieben Verwandten oder auch vertrauensvollen Betreuungspersonen. Gleich ist allen Kindern, dass sie durch ein verändertes Verhalten auf die Situation bzw. auf sich aufmerksam machen, ohne dabei gleich offenzulegen, welchen Hintergrund das hat. Dies ist in der Loyalität zu den Eltern bzw. in der Geheimhaltung von Gewalt in der Familie begründet.

So kann es sein, dass ein Kind »ganz leise« in Form von Andeutungen oder dem Rückzug aus der Gruppe deutlich macht, dass es ihm oder ihr nicht gut geht. Manche Kinder machen aber auch »ganz laut« durch Verhaltensauffälligkeiten wie Provokationen, massive Störungen oder die Weitergabe der Gewalt an andere auf sich aufmerksam. Lehrer und Lehrerinnen sind meist die ersten Personen, die solch (verändertes) Verhalten wahrnehmen, da sie die Kinder bereits über eine längere Zeit kennen.

Grundsätzlich kann man aber auch sagen, dass Menschen im familiären und sozialen Umfeld sehr früh wahrnehmen oder spüren, wenn Konflikte in der Familie eskalieren oder Gewalt in der Familie eine Rolle spielt. Blaue Flecken, ein verändertes Verhalten des Kindes oder das Erleben von Abwertung bzw. die Herabsetzungen des Kindes durch Erwachsene lassen viele Menschen im Umfeld des Kindes aufhorchen. Das Problem derer, die dies wahrnehmen und erkennen, ist jedoch, dass sie meist nicht wissen, wie sie ihr Gefühl, ihr Erleben ansprechen sollen. Denn es braucht Mut und Feingefühl, die Ansprache gegenüber den Gewaltausübenden so zu wählen, dass sich diese einer Auseinandersetzung bzw. dem Problem stellen, entsprechende Hilfe tatsächlich annehmen, um den Schutz des Kindes zu gewährleisten und die Probleme, die zu einem solchen Verhalten führen, auf andere Weise zu lösen.

Das ist gewiss nicht einfach. Und glauben Sie mir, selbst Sozialpädagogen und Sozialpädagoginnen, Therapeutinnen und Therapeuten benötigen unter Umständen Hilfe, um hier gegen den Widerstand der Gewaltausübenden anzugehen und das Richtige zum Schutz des Kindes zu tun.

In jedem Landkreis, jeder Kommune gibt es sogenannte Kinderschutzfachkräfte/insoweit erfahrene Fachkräfte, die u. a. Lehrer und Lehrerinnen, aber auch Bürger und Bürgerinnen beraten, was zu tun ist, wenn sie Gewalt an Kindern wahrnehmen. Eine solche Beratung kann per Telefon, aber auch in einem gemeinsamen Gespräch, zum Beispiel in einer Beratungsstelle, erfolgen. Die Anonymität einer solchen Beratung ist dabei immer gewährleistet.

Herzlichen Dank für das Gespräch, Frau Lasner-Tietze.

Interview: Marc Böhmann

i.b WEITERFÜHRENDE LITERATURHINWEISE

Thematisch verwandte Jugendromane

- Blacker, Terrence: **Boy2Girl.** Weinheim: Beltz & Gelberg, 2015.
- Isermeyer, Jörg: **Alles andere als normal.** Weinheim: Beltz & Gelberg, 2014.
- Kordon, Klaus: **Die Flaschenpost.** Weinheim: Beltz & Gelberg, 2015.
- Sachar, Louis: **Löcher – Die Geheimnisse von Green Lake.** Weinheim: Beltz & Gelberg, 2016.

Fachliteratur für Lehrer:innen zum Thema »Gewalt in der Familie«

- Merkens, Birgit/Pankofer, Sabine: **Kindesmisshandlung: Körperliche Gewalt in der Familie.** Hannover: Schöningh, 2011.
- Hamel, John/Niccols, Tonia: **Familiäre Gewalt im Fokus – Handbuch: Fakten – Behandlungsmodelle – Prävention.** Frankfurt am Main: Ikaru, 2014.

Link zum Thema »Gewalt in der Familie«

- **www.dksb.de**
  Startseite des Deutschen Kinderschutzbundes

Lesezeichen und Zeilometer

Dieses Lesezeichen hilft dir, einzelne Textstellen zu finden oder dich mit deinen Mitschülerinnen und Mitschülern über bestimmte Textstellen zu unterhalten: Lege dazu einfach das Zeilometer an den oberen Buchrand. Die Zahlen sind dann die jeweiligen Zeilen. Natürlich kannst du dein Zeilometer auch individuell gestalten.

»Mucks, das bin ich«

Zonja begegnet im Freibad einem ungewöhnlichen Jungen …

1. In dem Text fehlen Wörter. Nur der erste Buchstabe des fehlenden Wortes ist da. Fülle die Lücken. In den Kästen findest du Silben. Setze sie zusammen und trage die Wörter an der passenden Stelle ein.

Som • fe • mer • en • ri	ma • ti • Ma • the • ker	nen • dün
gie • rig • neu	ser • Was	schü • lern • Mit

Zonja ist 12 Jahre alt und sehr n________________. Ihre Mutter ist von Beruf Apothekerin, ihr Vater M________________. Sie hat Angst vor großen Hunden und lauten M________________. In den S________________ geht Zonja ins Freibad. Sie entdeckt am Beckenrand einen d________________ Jungen. Der Junge fällt plötzlich ins W________________. Zonja springt ins Wasser und zieht ihn an den Rand. Der Junge heißt Mucks. Er lädt Zonja zum Eis ein.

2. Schreibe jetzt mindestens 3 Sätze in dein Heft oder Lesetagebuch ab.

3. Auf den ersten Seiten des Buchs lernst du Zonja und Mucks kennen. Lies die Satzteile unten aufmerksam. Passen sie zu Zonja oder Mucks?
Verbinde sie mit der passenden Person.

- Zonja ●
- Mucks ●

- ● ist ein Mädchen.
- ● ist ein Junge.
- ● liebt Statistiken und schwierige Wörter.
- ● steht am Rand vom Schwimmbecken.
- ● ist weiß wie eine Birke.
- ● nennt ihre Mutter Mati.
- ● hat einen blauen Fleck auf der Schulter.
- ● rettet Mucks vorm Ertrinken.

4. Suche dir eine der folgenden Szenen aus. Male oder zeichne sie in dein Heft oder Lesetagebuch. Du kannst auch dazu schreiben.

- Zonja sieht Mucks am Beckenrand stehen.
- Zonja rettet Mucks aus dem Wasser.

»Mucks, das bin ich«

Zonja begegnet im Freibad einem ungewöhnlichen Jungen …

1. Hast du alles vom Romananfang verstanden? Schreibe die Inhaltsangabe der ersten beiden Kapitel in dein Heft oder Lesetagebuch und fülle die Lücken.

Zonja ist 12 Jahre alt. Sie ist sehr ____________ und sammelt täglich Fragen, die sie in Listen in ihrem Notizheft notiert. Ihre Mutter Mati ist Apothekerin, ihr Vater ist ______________. Ihre ______________ halten sie für eine Spinnerin, Zonja verbringt ihre Pausen alleine. Heute ist der letzte Schultag, es gibt Zeugnisse und Zonja geht mit gemischten Gefühlen in die _______________, weil ihre Familie nicht in Urlaub fährt und ihr in den Ferien oft langweilig ist. Sie hat vor, regelmäßig ins __________________ zu gehen. Zonja beobachtet die Leute im und am Wasser und stellt Statistiken auf. Sie entdeckt dann einen _____ Jungen am Beckenrand, den sie noch nie gesehen hat. Er hat ungewöhnlich abstehende ______ und auf der Schulter einen blauen Fleck. Plötzlich fällt der Junge ins _______________. Zonja bemerkt, dass der Junge offenbar nicht ________________ kann, springt in _________________ ins Wasser, ergreift ihn und zieht ihn zum Beckenrand. Der Junge bedankt sich wortkarg bei ihr und stellt sich als »Mucks« vor. Mucks lädt Zonja zum Eis und zum Scrabble-Spielen ein, was Zonja gerne annimmt. Offenbar hat er bislang gegen sich selbst gespielt. Zonja findet das ____________________.

> **Tipp**
> Aus diesen Silben bestehen die Lückenwörter. 3 Silben bleiben übrig, mit ihnen kannst du ein Wort bilden, das zum Buch passt.
> bad • dün • en • fe • Frei • gie • ker • Kla • ler • Ma • ma • men • mer • Mit • mot • nen • neu • nis • Oh • ren • ri • rig • sam • schü • schwim • se • selt • ser • Som • ten • the • ti • Was • Zeug •

2. Zonja ist in mehrfacher Hinsicht ein außergewöhnliches Mädchen.

a) Weshalb ist sie mit ihrem Vornamen unzufrieden? Wie findest du ihren Vornamen? Sprecht darüber in der Gruppe oder Klasse.

b) Zonja gilt unter ihren Mitschülern ein bisschen als »Spinnerin«. Weshalb ist sie in der Schule nicht sonderlich beliebt? Kannst du die Ansicht der Mitschüler nachvollziehen? Begründe deine Meinung.

3. Zonja führt immer eine persönliche Liste von Fragen, die sie brennend interessiert.

a) Finde im Text ihre aktuelle Frageliste.

b) Weshalb hat sie ihre letzte Frage durchgestrichen?

c) Suche dir von den restlichen 4 Fragen eine heraus und versuche sie mithilfe von Lexika, Experten und des Internets zu beantworten.

d) Präsentiere dann vor der Klasse deine Antwort.

»Mucks, das bin ich«

Zonja begegnet im Freibad einem ungewöhnlichen Jungen …

1. Hat dein Partner den Romananfang verstanden? Formuliere 5 Fragen zum Inhalt der ersten beiden Kapitel und finde es heraus.

Beispiel: Wie alt ist Zonja?

2. Schon in den ersten beiden Kapiteln nimmt Zonja mehrere Rollen ein.

a) Die Rolle der Protagonistin (Hauptperson): Erläutere, wie Zonja über ihren Vornamen denkt.

b) Die Rolle der Schülerin: Prüfe, wie die Mitschüler Zonja sehen, und bewerte ihr Verhalten. Was würdest du Zonja raten?

c) Die Rolle der Erzählerin: Stelle fest, wie Zonja ihre Geschichte erzählt. Kreuze dazu die verwendeten Erzählmittel in der letzten Spalte der folgenden Tabelle an.

Erzählform	Ich-Form	Die Erzählerin spricht in der 1. Person.	○
	Er-/Sie-Form	Die Erzählerin spricht in der 3. Person.	○
Erzähl-perspektive	Außensicht	Die Erzählerin schaut von außen auf alle anderen Figuren.	○
	Innensicht	Die Erzählerin schaut in alle anderen Figuren hinein.	○
Erzählzeit	Präteritum	Die Erzählerin verwendet die Vergangenheitsform.	○
	Präsens	Die Erzählerin verwendet die Gegenwartsform.	○
Personen-rede	indirekte Rede	Die Erzählerin gibt das Gesprochene indirekt wieder (er fragte, ob er gehen müsse).	○
	direkte Rede	Die Erzählerin gibt das Gesprochene direkt wieder (er fragte: »Muss ich gehen?«).	○

für Profis: Beschreibe den Unterschied zwischen Autor und Erzähler.

3. Zonja verrät gleich in den ersten beiden Kapiteln, dass sie eine ganz bestimmte Textsorte ganz besonders mag.

a) Markiere und benenne die entsprechenden Stellen im Text.

b) Übertrage die Statistiken auf Seite 18 in die Kreisdiagramme.

Kauen

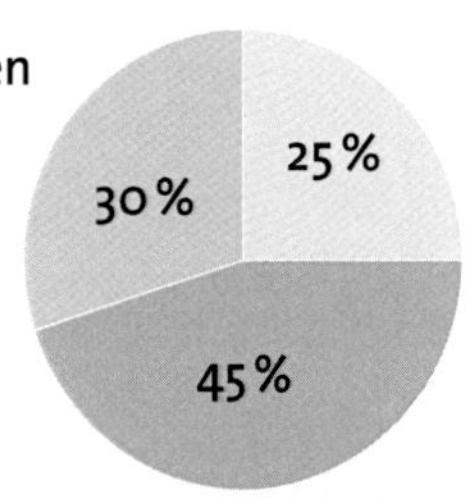

Duschen

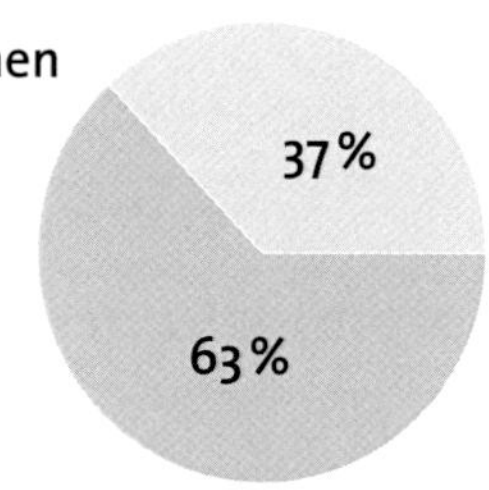

c) Gestaltet Diagramme, die in ähnlich lustiger Weise über euch selbst informieren.

So weit weg von allem

Zonja lädt Mucks spontan zum Abendessen ein …

1. Hier findest du 5 Fragen und 5 Antworten mit Buchstaben. Welche Frage gehört zu welcher Antwort? Verbinde. Schreibe die Buchstaben unten auf. Wenn du es richtig gemacht hast, entsteht ein Lösungswort.

1.	Was gibt es abends zu essen?
2.	Warum ist Mucks umgezogen?
3.	Was machen Zonja und Mucks nach dem Abendessen?
4.	Welcher Sternennebel liegt am nächsten zur Erde?
5.	Wovor hat Mucks Angst?

T	Seine Mutter hat seinen Vater verlassen.
N	Er hat Angst vor seinem Vater.
E	Sie gehen in den Garten, schauen zu den Sternen und sprechen miteinander.
S	Zonjas Papa macht Pfannkuchen mit Schokostreuseln.
R	Es ist der Andromedanebel.

Lösungswort:

1.	2.	3.	4.	5.

2. Erstelle entweder zu Mucks oder zu Zonja einen Steckbrief (wie eine Tabelle).

Tipp: In einen **Steckbrief** gehören z. B. der Name, Spitzname, das Alter, das Aussehen, besondere Merkmale, Familie, Freunde, Eigenschaften, Hobbys, Vorlieben …

3. Was denkst du über Zonja und Mucks?

a) Male die Balken an. Sie sollen zeigen, wie sehr du dem Satz vorher zustimmst.

	0 %	25 %	50 %	75 %	100 %
Ich finde Zonja nett.					
Ich finde Mucks nett.					
Ich finde Zonja cool, weil sie Mucks rettet.					
Ich finde Mucks cool, weil er Scrabble spielt.					
Ich wäre gerne mit Zonja befreundet.					
Ich wäre gerne mit Mucks befreundet.					

b) Sprecht in der Klasse oder Lerngruppe über eure Meinungen zu Zonja und Mucks.

4. An einigen Stellen im 3. und 4. Kapitel merkt man, dass es Mucks mit seiner Familie nicht gut geht.

a) Markiere im Text mindestens 3 solcher Stellen.

b) Was könnte dir an Zonjas Stelle einfallen, damit es Mucks besser geht? Sprecht in der Klasse oder Lerngruppe darüber.

So weit weg von allem

Zonja lädt Mucks spontan zum Abendessen ein …

1. Überlege dir mögliche Fragen zu den 6 vorgegebenen Antworten und schreibe beides jeweils in dein Heft oder Leseordner.

a) Sie könnte ihn beschützen und abends mit ihm kuscheln.

b) Dass seine Mutter seinen Vater verlassen hat und sie deshalb umgezogen sind.

c) Dass er einfach da bleibt, ohne bei sich zu Hause Bescheid zu sagen.

d) Sie sprechen über Sterne und Sternbilder.

e) Er erzählt, dass er Angst vor seinem Vater hat.

Tipp

Mögliche Fragen (2 bleiben übrig, kennst du die Antworten dazu?):
- Warum wünscht sich Zonja einen Bruder?
- Worüber sprechen Mucks und Zonja im Garten, während es dunkel wird?
- Was würde Mucks besonders gefallen, wenn er einmal ins Weltall fliegen könnte?
- Was erzählt Mucks beim Abendessen über seine Familie?
- Was findet Zonja nach dem Abendessen an Mucks seltsam?
- Wovor hat Mucks überhaupt Angst?
- Was macht Mucks, um nach dem Abendessen Zonja davon zu überreden, nach draußen zu gehen?

2. Jetzt hast du Zonja und Mucks, die Hauptfiguren des Buchs, schon ziemlich gut kennengelernt.

a) Erstelle entweder zu Mucks oder zu Zonja einen Steckbrief.

Tipp

In einen Steckbrief gehören z. B. der Name, der Spitzname, das Alter, das Aussehen/besondere Merkmale, Familie, Freunde, Eigenschaften, Hobbys, Vorlieben …

b) Was denkst du über beide? Findest du sie/ihn sympathisch? Wärest du gerne mit ihm/ihr befreundet? Begründe deine Meinung.

3. Im Text wird an mehreren Stellen deutlich, dass Mucks offenbar keine so harmonische Familie wie Zonja hat.

a) Finde Stellen in den Kapiteln 3/4, in denen dies deutlich wird, und schreibe die Seitenzahlen auf:

Tipp

Komisch leerer Blick auf Zonjas Frage (S. 25, Z. 23/24) • merkwürdiger Blick auf Zonjas Vater (S. 27, Z. 16/17) • Mutter hat Vater verlassen (S. 28, Z. 6/7) • wieder dieser Blick (S. 28, Z. 16–18) • keine Antwort auf Zonjas Frage (S. 33, 24/25) • Angst vor seinem Vater (S. 38, Z. 7)

b) Angenommen, du wärest an Zonjas Stelle. Was würde dir einfallen, damit es Mucks besser geht?

____

____

So weit weg von allem

Zonja lädt Mucks spontan zum Abendessen ein …

1. Im 4. Kapitel beschreibt Zonja ihre Familie als Sonnensystem: Sie ist die Sonne und die Familienmitglieder sind die Planeten.

a) Stelle Zonjas und Mucks' Familie in einem solchen Modell dar.

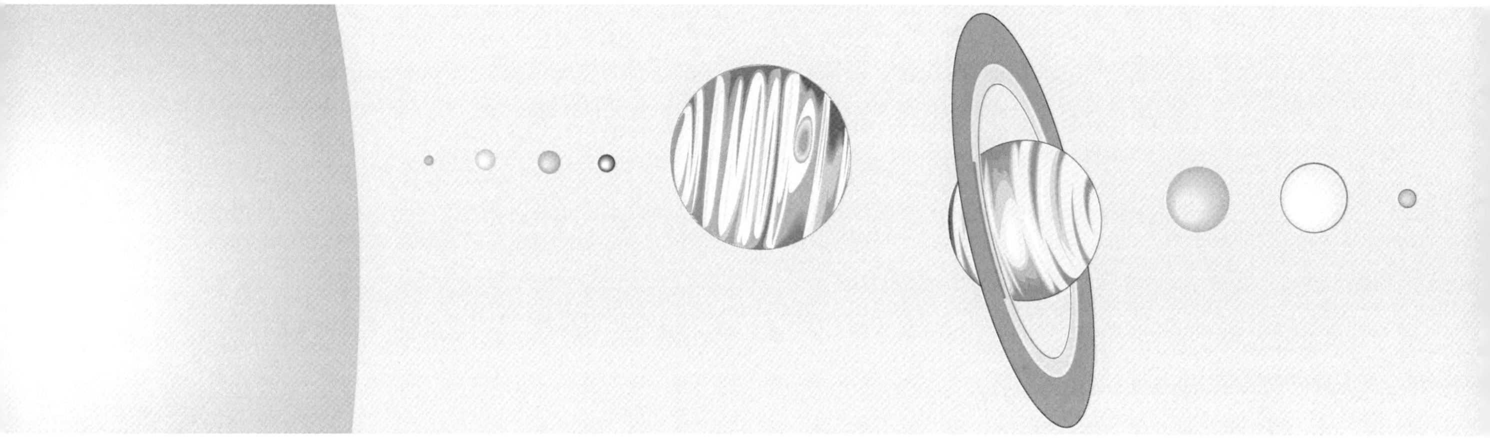

b) Beschreibe Gemeinsamkeiten und Unterschiede der beiden Familien.

c) Stelle fest, wer sich wie in seiner Familie fühlt, indem du entsprechende Stellen im Text markierst.

für Profis: Erkläre, warum sich Zonja überhaupt so sehr um Mucks kümmert.

2. Neben ihren Familien hast du bis zum vierten Kapitel schon einiges über die beiden Hauptpersonen erfahren.

a) Führe die entsprechenden Informationen in 2 Steckbriefen auf.

Methode: Ein **Steckbrief** informiert über äußere und innere Merkmale von Figuren. Berücksichtige dabei beispielsweise Name, Alter, Aussehen, Charaktereigenschaften, Hobbys, Freunde und Familie. Du kannst auch noch ein passendes Foto aus den Medien zur Figur hinzufügen.

b) Erläutere, welche der folgenden Redewendungen besser auf die beiden Hauptpersonen zutrifft.

»Gleich und Gleich gesellt sich gern.«

»Gegensätze ziehen sich an.«

c) Mit welcher der beiden Hauptpersonen wärst du lieber befreundet? Begründe.

3. Am Ende des vierten Kapitels betrachten Zonja und Mucks den Sternenhimmel.

a) Analysiere den Gesprächsverlauf. Wie kommen Zonja und Mucks vom Weltall plötzlich auf das Thema Familie?

b) Schreibe das Gespräch weiter. Was könnte Zonja sagen, damit es Mucks besser geht?

»Überhaupt keine Ahnung!«

Zonja lernt Mucks immer besser kennen …

1. Bringe die folgenden Wörter in die Reihenfolge wie in den Kapiteln.

Jeweils 4 Wörter/Satzteile gehören zu einem der Kapitel 5 bzw. 6.

Lachanfall • frühere Freunde in Berlin • 13 Jahre alt werden, ohne zu schwimmen • Vater hörte nie zu • Pfefferspray • schreit Zonja an • alles in die Tasche stopfen • Schwimmkurs mit Zonja • mucksmäuschenstill • überhaupt keine Ahnung

Kapitel 5	Kapitel 6

2. Die Autorin Stefanie Höfler benutzt immer wieder Sprachbilder (Vergleiche), um ihre Beschreibungen zu verdeutlichen.

Beispiel: Sie schreibt in Kapitel 5: »Er schaukelt auf dem Wasser *wie* ein Kanu.« Damit will sie ausdrücken, wie gut Mucks beim Schwimmkurs auf dem Wasser liegt.

Finde die weiteren Vergleiche im Kapitel 5 und ergänze die Sätze.

a) Mucks sieht mich an, als solle er ____.

b) Mucks zappelt im Wasser wie eine ______________ , ________________________.

3. In Kapitel 6 kommt es zum ersten Streit zwischen Mucks und Zonja. Kreuze an.

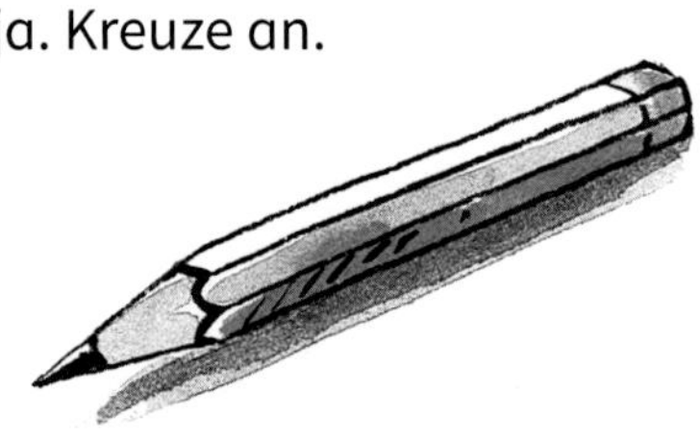

a) Mucks schreit Zonja voller Wut an, weil

- ☐ Zonja ihn zum Schwimmkurs überredet hat.
- ☐ es heute so heiß ist und es kein Himbeereis mehr gibt.
- ☐ Zonja ihn fragt, warum er nicht schwimmen kann.

b) Zonja packt seine Schwimmsachen ein und findet zufällig in seiner Tasche

- ☐ einen Stadtplan von Berlin.
- ☐ eine kleine schwarze Dose Pfefferspray.
- ☐ eine Packung Tabletten.

»Überhaupt keine Ahnung!«

Zonja lernt Mucks immer besser kennen …

1. Was passiert in den Kapiteln 5 und 6?

a) Bringe die folgenden Begriffe (Wörter/Satzteile) in die richtige Reihenfolge, so wie sie in den Kapiteln vorkommen. Zu jedem Kapitel gehören jeweils 5 Kästchen. Markiere alle Kästchen, die zum Kapitel 5 gehören mit gelb, und alle Kästchen, die zum Kapitel 6 gehören, mit rot. Dann nummeriere sie in der richtigen Reihenfolge.

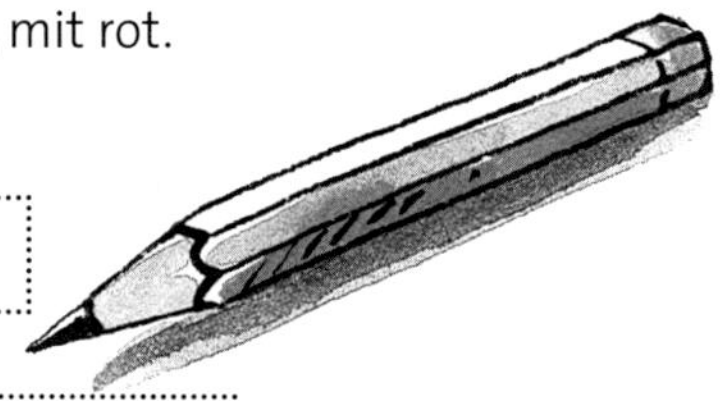

- überhaupt keine Ahnung ○
- Vater nie zuhören ○
- Lachanfall ○
- Verlieben der Eltern ○
- Analphabeten ○
- Pfefferspray ○
- anschreien ○
- mucksmäuschenstill ○
- Schwimmkurs mit Zonja ○
- mit 13 nicht schwimmen? ○

b) Verfasse mithilfe dieser Begriffe eine kurze Inhaltsangabe (5–7 Sätze) dieses Kapitels.

Info

Eine **Inhaltsangabe** beschreibt sachlich, objektiv und distanziert den Inhalt eines Romans, eines Kapitels oder auch eines Filmes. Sie konzentriert sich auf wichtige Textaspekte, steht im Präsens und enthält keine Wertungen. Wörtliche Rede wird in indirekter Rede wiedergegeben.

Tipp

So kannst du beginnen:

Kapitel 5: Mucks erzählt im Freibad traurig und ärgerlich zugleich von seinem Vater, der …
Kapitel 6: Zonja erzählt Mucks vom Verlieben ihrer Eltern. Sie unterhalten sich über die Schule und …

2. Stefanie Höfler, die Autorin des Romans, benutzt immer wieder Sprachbilder (Vergleiche oder Metaphern), um ihre Beschreibungen zu verdeutlichen.

a) Wählt in Gruppen eines der beiden Kapitel 5 bzw. 6 und versucht, alle Sprachbilder in diesem Kapitel zu finden. Markiert die Sprachbilder am Textrand.

Tipp

Vergleiche erkennt ihr an den Wörtchen »wie« oder »als«. Sprachbilder, bei denen diese Wörter fehlen, nennt man »Metaphern«.

b) Berichtet euren Mitschülern von euren Suchergebnissen.

3. Am Ende von Kapitel 6 findet Zonja zufällig in Mucks' Schwimmsachen einen außergewöhnlichen Gegenstand.

a) Was findet Zonja?

b) Was denkst du: Warum hat Mucks so etwas dabei? Sprecht darüber in der Klasse.

»Überhaupt keine Ahnung!«

Zonja lernt Mucks immer besser kennen …

1. Was geschieht im 5. und 6. Kapitel?

a) Berichte von den Ereignissen in einer kurzen Nacherzählung.

Methode Eine **Nacherzählung** schildert das Geschehen eines Textes aus einer anderen Perspektive. Versetze dich in Mucks und beschreibe die Ereignisse aus seiner Sicht, möglichst lebendig und im Präsens. Berücksichtige, was er wahrnehmen, denken und fühlen könnte.

b) Stelle fest, ob bzw. wie sich Mucks' und Zonjas Sicht auf das Geschehen voneinander unterscheiden.

2. Auch in diesen beiden Kapiteln verwendet die Autorin Stefanie Höfler einige sprachliche Bilder.

a) Markiere Vergleiche, Metaphern und Symbole im Text.

Info Ein **Vergleich** stellt 2 Dinge mit dem Wörtchen ›wie‹ oder mit ›als ob‹ einander gegenüber (›rote Ohren wie ein Außerirdischer‹). Eine **Metapher** verknüpft 2 Bereiche miteinander (außen ›rote Ohren bekommen‹ = sich innen unwohl fühlen). Ein **Symbol** ersetzt oft etwas durch einen Gegenstand oder ein festes Bild, das von vielen verstanden wird (›rote Ohren‹ = Verlegenheit).

b) Erläutere, was mit den sprachlichen Bildern jeweils besonders hervorgehoben werden soll.

Tipp Um die Funktion herauszufinden, kannst du dir 2 Fragen stellen: 1. Welche 2 Dinge genau werden einander gegenübergestellt, miteinander verknüpft oder voneinander ersetzt? 2. Welche Gemeinsamkeit wird dadurch im Einzelnen nahegelegt?

für Profis Konstruiere eigene sprachliche Bilder, die Zonja oder Mucks (oder auch dich selbst) beschreiben.

3. Am Ende des 6. Kapitels findet Zonja einen Gegenstand mit folgender Aufschrift.

> Zur Abwehr. Nur im äußersten Notfall verwenden.
> Kann bleibende Schäden an Augen und Schleimhäuten verursachen.

a) Entwirf ein Kurzreferat zum Thema »Pfefferspray«. Recherchiere dazu Informationen über Wirkstoff, Wirkung, Wirkungsdauer, Behandlungsweise und Langzeitfolgen. Gestalte ein entsprechendes Poster.

b) Warum hat Mucks ein solches Pfefferspray dabei? Wie denkst du darüber?

Es muss sein

Zonja ist mutig und geht zu Mucks' Wohnung …

1. Wer sagt bzw. denkt das? Schreibe die betreffende Figur und die Textstelle (Seitenzahl, Zeile) dazu.

	Figur	Seite	Zeile
a) Ich bringe Mucks' Sachen.			
b) Fabian ist in seinem Zimmer.			
c) Tut mir leid wegen vorhin.			
d) Wir sind ja sowieso die ganze Zeit auf der Flucht.			
e) Warum war deine Oma nicht da, als ich bei dir war?			
f) Das Pfefferspray habe ich wegen meinem Vater.			

2. Zonja bringt Mucks seine Schwimmsachen. Ihr fällt auf, dass er anders wohnt als sie. Ordne in einer Tabelle, wie Zonja und Mucks wohnen und leben. Die Stichpunkte im Kasten helfen dir.

So wohnt und lebt Zonja	**So wohnt und lebt Mucks**

Wohnung im Hochhaus • großes Haus • eigener Garten • kleiner Balkon • gemütlich eingerichtet • leer und mit Umzugskartons • wohnt mit Mutter und Oma • wohnt mit Mutter und Vater • Eltern kümmern sich liebevoll um sie • Eltern haben viele eigene Probleme • wohnt schon lange dort • zieht häufig um • schönes Wohnviertel • Hochhaussiedlung • Eltern lieben sich • Eltern leben getrennt

3. Oft beschreibt die Ich-Erzählerin Zonja, wie es ihr geht und was sie fühlt.

a) Wähle entweder das Kapitel 7 oder 8 aus. Wie geht es Zonja gerade? Markiere Textstellen, aus denen du es herauslesen kannst.

b) Finde für jede dieser Textstellen passende Wörter, die die Gefühle von Zonja näher beschreiben. Schreibe diese an den Textrand.

Tipp

Wie fühlt sich Zonja?
ängstlich • ärgerlich • entschlossen • entspannt • erfreut • erleichtert • fassungslos • fremd • geschockt • glücklich • lustig • mutig • neugierig • überrascht • unsicher • verlassen • verlegen • verliebt • verstört • vertraut • verzweifelt • wütend • …

Es muss sein

Zonja ist mutig und geht zu Mucks' Wohnung …

1. Wer sagt bzw. denkt das? Schreibe zu den Zitaten die betreffende Figur und die Textstelle (Seitenzahl, Zeile).

a) »Siebter Stock« ______ S. ______, Z. ______	b) »Tut mir leid wegen vorhin.« ______ S. ______, Z. ______	c) »Wir mussten dann doch immer wieder weg.« ______ S. ______, Z. ______
d) »Goldfisch.« ______ S. ______, Z. ______	e) »Wir haben Regeln ausgemacht.« ______ S. ______, Z. ______	f) »Also, ich fände das komisch.« ______ S. ______, Z. ______

2. Immer wieder schildert die Ich-Erzählerin Zonja, wie es ihr geht und was sie fühlt.

a) Wähle entweder das Kapitel 7 oder 8 aus.

b) Markiere am Rand oder durch Unterstreichung diejenigen Textstellen, an denen du herauslesen kannst, wie es Zonja gerade geht.

c) Finde für jede dieser Textstellen passende Gefühlsadjektive, die die Gefühle von Zonja näher beschreiben. Schreibe diese auch an den Textrand.

Tipp

Wie fühlt sich Zonja?
ängstlich • ärgerlich • entschlossen • entspannt • erfreut • erleichtert • fassungslos • fremd • geschockt • glücklich • lustig • mutig • neugierig • überrascht • unsicher • verlassen • verlegen • verliebt • verstört • vertraut • verzweifelt • wütend • …

3. Erstelle nun mithilfe deiner Markierungen eine Stimmungskurve für Zonjas Gefühle.

a) Zeichne sie auf ein Blatt oder in dein Heft.

b) Versehe mindestens 5 Punkte deiner Kurve mit Schlagwörtern aus dem Text.

c) Vergleicht die Kurven in der Klasse. Welche Parallelen gibt es? Welche Unterschiede fallen auf?

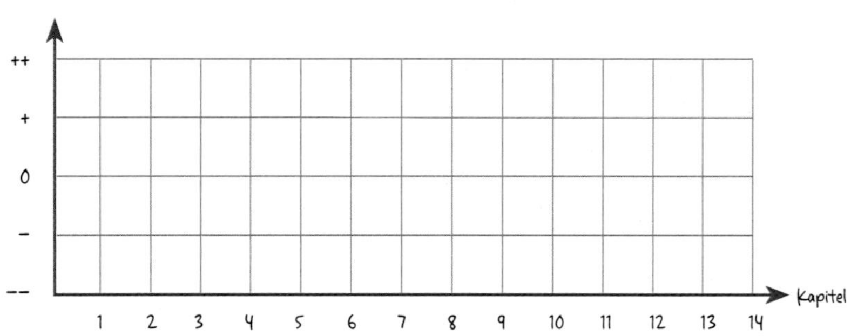

k.5

Es muss sein

Zonja ist mutig und geht zu Mucks' Wohnung …

1. Zonja beschreibt Häuser im 7. Kapitel mit folgenden Worten: »Manche Häuser sind fast wie lebendige Wesen, sie scheinen einen Körper und eine Seele zu haben.« (S. 57)

a) Stelle in 2 Skizzen dar, welches Bild sie von ihrem und Mucks' Haus hat. Alternativ kannst du entsprechende Bilder auch im Internet recherchieren.

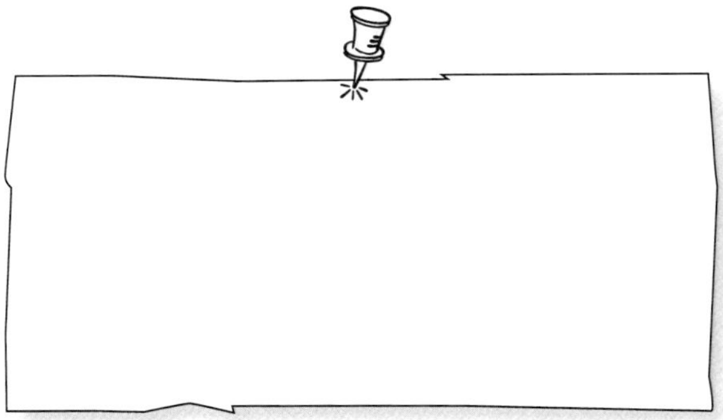

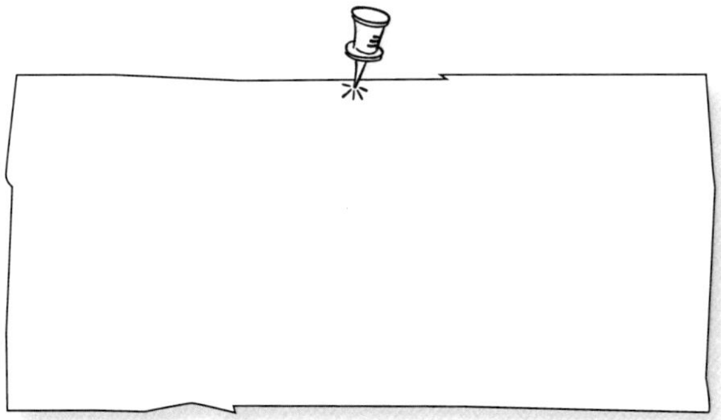

b) Erkläre, warum Zonja gerade an dieser Stelle das sprachliche Bild der Personifikation verwendet.

> **Info**
> Eine **Personifikation** macht aus Gegenständen Personen. Genauer stattet sie Dinge mit Eigenschaften oder Handlungsweisen aus, die sonst nur Lebewesen zugeschrieben werden. Dadurch wird ein Text anschaulicher und zeigt deutlicher, wie Gegenstände und Dinge auf Lebewesen und ihre Gefühle einwirken.

2. Zonja verrät im 7. und 8. Kapitel sehr viel von ihren Gefühlen.

a) Markiere die entsprechenden Stellen im Text.

b) Ordne den Textstellen passende Gefühlsadjektive zu und schreibe sie an den Rand.

> **Tipp**
> Wie fühlt sich Zonja?
> *ängstlich • ärgerlich • entschlossen • entspannt • erfreut • erleichtert • fassungslos • fremd • geschockt • glücklich • lustig • mutig • neugierig • überrascht • unsicher • verlassen • verlegen • verliebt • verstört • vertraut • verzweifelt • wütend • …*

c) Prüfe, was das jeweilige Gefühl auslöst.

3. Gestalte mithilfe deiner Markierungen eine Stimmungskurve, die über Zonjas Gefühle informiert.

a) Übertrage das Koordinatensystem auf ein Blatt oder in dein Heft.

b) Trage auf der x-Achse mindestens 10 Schlagwörter aus den Kapiteln ein.

c) Ordne auf der y-Achse den Schlagwörtern die entsprechenden Gefühle zu.

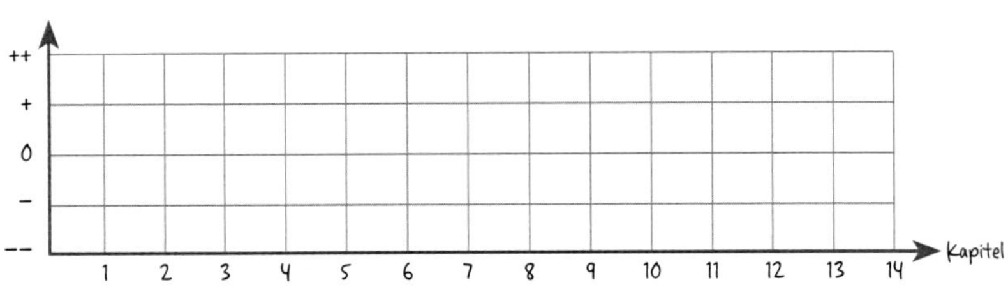

Die Ruhe vor dem Sturm

Zonja bemerkt, dass es Mucks heute nicht gut geht …

1. Welche Aussagen sind richtig (r), welche falsch (f)? Kreuze an. Ergänze jeweils die passende Seite und Zeile aus dem Buch. Schreibe anschließend alle 6 Sätze richtig in dein Heft oder Lesetagebuch.

	r	f	Textbezug (S./Z.)
a) Zonja spürt, dass es Mucks heute im Freibad nicht gut geht. Sie fragt ihn, was mit ihm los ist.	◯	◯	
b) Als ein Gewitter kommt, stürzt sich Mucks in den strömenden Regen und tanzt wie wild herum.	◯	◯	
c) Auf der Heimfahrt vom Maislabyrinth erzählt Zonja ihrer Mutter, dass mit Mucks etwas nicht stimmt.	◯	◯	
d) Zonja ruft nach dem Besuch im Maislabyrinth noch einmal Mucks an. Er legt aber wieder auf.	◯	◯	
e) Als Zonjas Mutter bei Mucks in die Wohnung kommt, droht Mucks seinem Vater, ihn umzubringen.	◯	◯	
f) Mati kann verhindern, dass in Mucks Wohnung etwas Schlimmes passiert.	◯	◯	

2. Im Buch finden sich zahlreiche Sprachbilder. Sie lassen sich nicht nur wörtlich, sondern auch übertragen verstehen. Welche übertragene Bedeutung passt zu welchem Symbol? Verbinde.

Das Gewitter in Kapitel 9 deutet an, dass …	Das Maislabyrinth in Kapitel 10 zeigt, dass …	Der Drehstuhl von Mucks in Kapitel 7 zeigt, dass …
●	●	●
●	●	●
… Mucks kein Kind mehr ist.	… etwas Schlimmes passieren wird.	… Zonja alleine keinen Weg findet, um Mucks zu helfen.

3. Zonja muss eine sehr gefährliche Auseinandersetzung zwischen Mucks und seinem Vater miterleben. Sie schreibt zu Hause ihre Erlebnisse und Gedanken in ein Tagebuch.

a) Welche dieser Sätze könnten darin vorkommen? Kreuze sie an.

Ich bin noch ganz durcheinander von dem, was heute passiert ist.	Ich wollte, dass Mucks zum Ausflug geht, aber er ging nicht ans Telefon.
Heute war ein ganz normaler Tag, außer dass wir im Maislabyrinth waren.	Mucks hat seinem Vater gedroht, ihn umzubringen. Es war schrecklich.
Mati war mit in Mucks Wohnung und hat dafür gesorgt, dass alles noch gut ausging.	Mucks hat seinen Vater mit einer großen Glasscherbe verletzt.

b) Schreibe nun einen Tagebucheintrag von Zonja (mindestens 5 Sätze).

Die Ruhe vor dem Sturm

Zonja bemerkt, dass es Mucks heute nicht gut geht …

1. Überprüfe am Text: Welche Aussagen sind richtig (r), welche falsch (f)? Kreuze an und ergänze jeweils den Textbezug (Seite/Zeile). Schreibe anschließend alle richtigen und korrigierten Sätze in dein Heft oder Lesetagebuch bzw. Leseordner.

	r	f	Textbezug
a) Zonjas Mutter hat sie schon immer darin bestärkt, neugierig zu sein und das zu tun, was man selbst für richtig hält.	○	○	
b) Weil Zonja spürt, dass es Mucks heute im Freibad nicht gut geht, fragt sie ihn, was mit ihm los ist.	○	○	
c) Zonja möchte am nächsten Tag, dass Mucks mit zum Ausflug ins Maislabyrinth kommt, sie erreicht ihn aber telefonisch nicht.	○	○	
d) Als Zonjas Mutter bei Mucks in die Wohnung kommt, droht Mucks seinem Vater, ihn umzubringen. Mati kann eine Eskalation verhindern.	○	○	

2. Als Zonja mit Mucks im Freibad ist, kündigt sich ein schweres Gewitter an.

a) Finde die Textstelle im Buch.

b) Könnte man diese Wetterbeschreibung auch übertragen verstehen? Was könnte sie übertragen bedeuten? In welcher Beziehung könnte dies mit den folgenden Geschehnissen stehen? Sprecht darüber in der Klasse.

Info

Ein **Symbol** ist ein sprachliches Bild. Die griechische Bedeutung (*sym-ballein* = zusammenwerfen, zusammenfügen) zeigt, dass ein Textelement (z. B. ein Gegenstand, eine Figur, ein Geschehen, ein Schauplatz) nicht nur eine wörtliche Bedeutung, sondern auch noch eine übertragene Bedeutung haben kann.

Im Unterschied zum Vergleich (z. B. »An seinen Ohrläppchen hängen Tropfen wie diamantene Ohrringe«) oder zur Metapher (z. B. »Mein Sonnensystem ist ziemlich klein«) scheint bei einem Symbol ein allgemeiner Sinn durch und es verweist auf höhere geistige Zusammenhänge. Oft sind Symbole quasi kulturell verabredete sprachliche Zeichen, wie z. B. die Taube (Symbol für Frieden), das Kreuz (Symbol für den Tod) oder der Lorbeerkranz (Symbol für den Sieg).

c) Findest du weitere symbolhafte Elemente im Buch? Sprecht darüber in der Klasse.

Tipp

Der Kieselstein mit Herzschlagader • Maislabyrinth • 2 Kaiserfische im Aquarium, die sich umkreisen • blauer Fleck an verwundbarer Stelle • zu kleiner Drehstuhl • blauer Fleck um Mucks' Armgelenk • hellrote Schuhe des kleinen Mädchens

3. Zonja muss eine sehr gefährliche Auseinandersetzung zwischen Mucks und seinem Vater miterleben. Stell Dir vor, Zonja würde, nachdem sie wieder zu Hause ist, ihre Erlebnisse und Gedanken in einem Tagebuch versuchen zu verarbeiten. Verfasse ihren Tagebucheintrag für diesen Abend.

Tipp

So könntest du beginnen:

4. August

Ich bin noch ganz durcheinander von dem, was heute passiert ist. Alles hat damit angefangen, dass Mati mit mir heute Morgen ins Maislabyrinth gehen wollte. Ich habe dann Mucks versucht anzurufen, ob er mitkommt, aber …

Die Ruhe vor dem Sturm

Zonja bemerkt, dass es Mucks heute nicht gut geht …

1. Zonjas Mutter gibt ihrer Tochter im 9. Kapitel einige Tipps zum Erwachsenwerden. Stelle fest, wo sich hier die Fehler eingeschlichen haben.

Das Wichtigste jedenfalls ist, wenn du etwas sagen oder tun willst, dann mach das auch. Außer, wenn jemand anderes dich oder deine Frage blöd findet.

Mach das, was dir richtig vorkommt. Lass dich davon nur von Freunden abbringen.

Lass dir niemals von jemandem verbieten, Fragen zu stellen. Nur von deiner eigenen Angst.

2. Stell dir vor, du hast, vielleicht in 10, 15 oder 20 Jahren, eigene Kinder und möchtest ihnen wichtige Tipps zum Erwachsenwerden geben.

a) Schreibe 5 solcher Tipps in einer Reihenfolge nach Wichtigkeit auf.

b) Lest dann in der Gruppe bzw. Klasse eure guten Tipps vor und sprecht darüber.

c) Welchen Tipp zum Erwachsenwerden findet ihr am wichtigsten? Stimmt in der Klasse ab.

3. Ebenfalls im 9. Kapitel beschreibt die Autorin Stefanie Höfler eine Wettererscheinung auf sehr symbolische Art und Weise.

a) Erkläre, wie das Symbol im übertragenen Sinn verstanden werden könnte.

b) Prüfe, wie das Symbol und seine Bedeutung mit den nachfolgenden Ereignissen zusammenhängt.

für Profis

Leite von den folgenden Symbolen ihre eigentliche Bedeutung ab: blauer Fleck an verwundbarer Stelle • blauer Fleck um Mucks' Armgelenk • der Kieselstein mit Herzschlagader • hellrote Schuhe des kleinen Mädchens • Maislabyrinth • zu kleiner Drehstuhl • 2 Kaiserfische im Aquarium, die sich umkreisen

4. Zonja wird im 10. Kapitel Zeugin einer Auseinandersetzung in Mucks' Familie. Stelle dir vor, wegen des Lärms hätten Nachbarn die Polizei gerufen. Verfasse den Zeugenbericht.

Methode

Ein **Zeugenbericht** beschreibt einen Vorfall auf sachliche Art und Weise. Versetze dich in die Zeugin. Nenne in der Einleitung deine Personalien, beantworte die W-Fragen (Was? Wo? Wann? Wer?) und beschreibe die Anwesenden und Beteiligten. Beschreibe im Hauptteil den Vorfall (nur das wirklich Gesehene oder Gehörte) in chronologischer Reihenfolge und nenne eine Ursache für den Vorfall (sofern bekannt). Erkläre im Schluss die Folgen des Vorfalls (sofern benennbar). Vermeide Vermutungen und gib direkte Rede nur indirekt wieder.

Nicht mehr da (1)

Zonja ist froh, dass ihr Papa zu Hause ist, als sie heimkommt …

1. Verbinde die passenden Satzteile aus der linken und der rechten Spalte miteinander. Schreibe die Sätze anschließend in der richtigen Reihenfolge in dein Heft oder Lesetagebuch. Es ergibt sich eine Zusammenfassung der Kapitel 11 und 12.

1	Zonja geht nach Hause und erzählt alles ihrem Vater,	aber sagt ihr dann, er hole sie morgen um die gleiche Zeit ab.
	Dann ruft Oma Hilde an und lädt sie zu Himbeerkuchen ein,	weinend ihrem Mann, was alles passiert ist:
	Später am Abend kommt Zonjas Mutter zurück, sie berichtet	der später noch zu ihr ans Bett kommt und ihr ein Foto zeigt.
	Kurz darauf entdeckt sie im Baum vor ihrem Fenster Mucks. Er würde gerne mit ihr ins Museum,	Mucks hat seinen Vater leicht verletzt. Der Vater ist dann verschwunden.
2	Er erzählt ihr die Geschichte von Fritz, einem früheren Kinderfreund von Zonjas Mutter,	Zonja sagt zu, mit ihr den Nachmittag zu verbringen.
	Am nächsten Morgen lässt sich Zonja von ihren Eltern alles Wichtige berichten:	der von seinen Eltern damals sehr schlimm geschlagen wurde. Er starb an seinen Verletzungen.

2. Zonjas Vater erzählt ihr mithilfe eines alten Fotos die Geschichte von Fritz.

a) Finde die betreffende Textstelle im Buch und lese sie einer Mitschülerin/einem Mitschüler vor.

b) Was ist mit Fritz passiert? Schreibe einige Sätze darüber.

____

____

____

____

c) Welche Gemeinsamkeiten kannst du zwischen Fritz und Mucks erkennen? Sprecht in der Gruppe oder Klasse darüber.

3. Mucks leidet sehr stark unter seinem gewalttätigen Vater.

a) Lest gemeinsam das Interview mit Cordula Lasner-Tietze vom Deutschen Kinderschutzbund (**i.5**).

b) Sprecht in der Klasse über das Interview und darüber, wie man eurer Meinung nach betroffenen Kindern und Jugendlichen helfen könnte.

Nicht mehr da (2)

4. Zonjas Eltern reagieren auf das, was sie über Mucks erfahren.

a) Was unternehmen Zonjas Eltern, um Mucks und Zonja zu unterstützen? Male die richtigen Kästen farbig an. Streiche die falschen Kästen durch.

Die Eltern freuen sich über Mucks' Besuch zum Abendessen. Sie verhalten sich so, damit Mucks sich bei ihnen wohlfühlt.	Mati bittet Zonja dazu, abends nach dem Maislabyrinth noch einmal bei Mucks anzurufen.
Mati erzählt Zonja am Morgen nach der schlimmen Situation von den Geschehnissen in Mucks' Wohnung.	Mati verletzt Mucks' Vater mit einer Glasscherbe. Dadurch verletzt kann er Mucks nicht mehr wehtun.
Zonjas Vater erzählt ihr die Geschichte von Fritz. So versteht Zonja, dass man einem Kind helfen muss.	Mati fährt rasch zu Mucks' Wohnung, weil sie am Telefon verdächtige Geräusche aus der Wohnung gehört hat.
Mati geht mutig in die Situation zwischen Mucks und seinem Vater. Sie schafft es, Schlimmeres zu verhindern.	Mati schickt Zonja nach Hause, nachdem sie die gefährliche Situation in Mucks' Wohnung entschärft hat.
Zonjas Vater ruft sofort die Polizei, nachdem seine Frau zu Mucks' Wohnung gefahren ist.	Mati hört Zonja im Maislabyrinth aufmerksam zu und tröstet sie.

b) Wie findest du das Verhalten von Zonjas Eltern? Was machen sie deiner Meinung nach richtig? Was würdest du dir anders wünschen?

5. Zonja muss sich entscheiden, mit wem sie den Nachmittag verbringt. Kreuze an.

a) Wer möchte mit ihr den Nachmittag verbringen?

- ☐ Oma Hilde möchte, dass Zonja sie besucht und mit ihr Himbeerkuchen isst.
- ☐ Zonjas Papa möchte mit ihr in den Kletterpark gehen.
- ☐ Mucks möchte mit Zonja ins Museum gehen.
- ☐ Zonjas Freundin möchte mit ihr in die Stadt shoppen gehen.

b) Wie entscheidet sich Zonja? Warum entscheidet sie sich so?

- ☐ Zonja sagt Mucks zu und Oma Hilde ab, weil ihr langweilig ist.
- ☐ Zonja sagt Oma Hilde und Mucks ab und bleibt alleine in ihrem Zimmer.
- ☐ Zonja sagt Oma Hilde zu und Mucks ab, weil Oma Hilde früher gefragt hat und sie mittwochs immer Oma Hilde besucht.
- ☐ Zonja sagt zuerst ihrem Papa zu, dann Mucks und am Ende Oma Hilde.

6. Am Ende des 12. Kapitels schildert Zonja, dass sie am nächsten Tag vergeblich auf Mucks wartet. Was denkst du: Warum kommt Mucks nicht zu dem Treffen? Schreibe mindestens 3 Sätze über deine Vermutung.

Tipp
Ich denke, dass Mucks …
Vielleicht musste Mucks …
Ganz bestimmt ist Mucks …

Nicht mehr da (1)

Zonja ist froh, dass ihr Papa zu Hause ist, als sie heimkommt …

1.

Ordne den einzelnen Satzanfängen ein passendes Satzende zu. Schreibe die Sätze anschließend in der richtigen Reihenfolge in dein Heft oder Lesetagebuch und ergänze dabei die Lücken. Es ergibt sich eine Zusammenfassung der Kapitel 11 und 12.

Zonja geht nach Hause und erzählt alles ihrem Vater,	•	•	der gerne mit ihr ins ________ gehen möchte, aber ihr dann sagt, er hole sie morgen um die gleiche Zeit ab.
Dann ruft Oma Hilde an und lädt sie zu ________________ ein,	•	•	weinend ihrem Mann, was alles passiert ist.
Später am Abend kommt Mati zurück, sie berichtet	•	•	der später noch zu ihr ans Bett kommt und ihr ein __________ zeigt.
Kurz darauf entdeckt sie im ____________ vor ihrem Fenster Mucks,	•	•	Mucks hat seinen Vater leicht verletzt, der dann verschwunden ist.
Er erzählt ihr die Geschichte von __________, einem ehemaligen Kinderfreund von Mati,	•	•	Zonja sagt zu, mit ihr den Nachmittag zu verbringen.
Am nächsten Morgen lässt sich __________ von ihren Eltern alles Wichtige berichten:	•	•	der von seinen ____________ so schlimm geschlagen wurde, dass er an seinen Verletzungen starb.

2.

Zonjas Vater erzählt ihr mithilfe eines alten Fotos die Geschichte von Fritz.

a) Finde die betreffende Textstelle im Buch.

b) Was ist mit Fritz passiert? Schreibe einige Sätze darüber.

c) Welche Gemeinsamkeiten kannst du zwischen Fritz und Mucks erkennen?

d) Als Mati von Zonja erfährt, was mit Mucks los ist, fährt sie nach dem verdächtigen Telefonat sofort zu ihm in die Wohnung. Welche Rolle könnte dabei ihre frühere Freundschaft zu Fritz spielen? Sprecht in der Klasse darüber.

3.

Mucks leidet sehr stark unter seinem gewalttätigen Vater.

a) Lest gemeinsam das Interview mit Cordula Lasner-Tietze (i.5) vom Deutschen Kinderschutzbund.

b) Sprecht in der Klasse über das Interview und darüber, wie man eurer Meinung nach betroffenen Kindern und Jugendlichen helfen könnte.

für Profis

Gestaltet in Gruppen mit zusätzlichen Informationen und euren eigenen Erfahrungen ein Plakat oder eine Wandzeitung zum Thema. Damit könnt ihr eure Parallelklasse oder andere Klassen eurer Schule über dieses Thema informieren.

Nicht mehr da (2)

4. Zonjas Eltern reagieren in vielfältiger Weise auf das, was sie über Mucks erfahren.

a) Was unternehmen Zonjas Eltern, um Mucks und Zonja zu unterstützen? Bilde aus den Anfangsbuchstaben der fett gedruckten Buchstaben ein Lösungswort.

Tipp: Nicht alle Sätze stimmen.
Verwende nur die Anfangsbuchstaben aus den Kästen, die richtig sind.

Die Eltern freuen sich über Besuch am **Abendessen** und machen viel, damit Mucks sich bei ihnen wohlfühlt.	Die **Eltern** interessieren sich beim gemeinsamen Abendessen für Mucks und seine Lebenssituation.
Mati erzählt Zonja **am** Morgen nach der dramatischen Situation sensibel von den Geschehnissen in Mucks' Wohnung.	Mati macht Mucks' **Vater** unschädlich, indem sie ihn mit einer **Glasscherbe** verletzt.
Zonjas Vater erzählt ihr die Geschichte von **Fritz**, damit sie versteht, wie gefährlich es sein kann, dem Kind nicht zu helfen.	Mati fährt **rasch** zu Mucks' Wohnung, nachdem **sie** am Telefon verdächtige Geräusche aus der Wohnung gehört hat.
Mati drängt Zonja dazu, abends **noch** einmal bei Mucks anzurufen.	Mati hört Zonja im Maislabyrinth **aufmerksam** zu und tröstet sie.
Mati geht **couragiert** in die gefährliche Situation zwischen Mucks und seinem Vater und schafft es, Schlimmeres zu verhindern.	Mati schickt Zonja nach Hause, **nachdem** sie die gefährliche Situation in Mucks' Wohnung **entschärft** hat.
Zonjas Vater ruft sofort die Polizei, nachdem seine Frau zu Mucks' Wohnung gefahren ist.	Mati lässt Zonja und Mucks bis spätabends draußen im **kühlen** Garten, ohne sie zu stören.

Das Lösungswort ist ☐☐☐☐☐☐☐☐☐☐☐☐

b) Findest du die passenden Kapitel im Buch?

c) Wie findest du das Verhalten von Zonjas Eltern? Was machen sie deiner Meinung nach richtig? Was würdest du dir anders wünschen?

5. Zonja muss sich entscheiden, mit wem sie den Nachmittag verbringt.

a) Wer möchte wie mit ihr den Nachmittag verbringen?

b) Wie entscheidet sich Zonja? Warum entscheidet sie sich so?

c) Wie hättest du dich an ihrer Stelle entschieden?

d) Hast du das auch schon einmal erlebt, dass du dich zwischen 2 (oder mehr) Verabredungen entscheiden musstest? Erzähle davon. Warum hast du dich damals so entschieden?

6. Am Ende des 12. Kapitels schildert Zonja, dass sie am nächsten Tag vergeblich auf Mucks wartet, obwohl beide fest verabredet sind.
Was denkst du: Warum kommt Mucks nicht zu dem Treffen? Schreibe mindestens 3 Sätze über deine Vermutung.

Nicht mehr da (1)

Zonja ist froh, dass ihr Papa zu Hause ist, als sie heimkommt …

1. Wie war das noch? Fasse das Geschehen im 11. oder 12. Kapitel in einer Paraphrase zusammen.

Methode

Eine **Paraphrase** gibt einen Text in knapper Form wieder. Markiere dafür im Text die wichtigsten Aussagen, vergleiche deine Markierungen mit denen deines Partners und gebt die Informationen in eigenen Worten wieder. Achtet darauf, den gedanklichen Zusammenhang deutlich zu machen. Alternativ kannst du den Text kopieren und so lange Unwichtiges durchstreichen, bis nur noch das Wichtigste übrig ist. Fasse das dann in eigenen Worten zusammen.

2. Zonjas Vater erzählt im 11. Kapitel von einem gewissen Fritz.

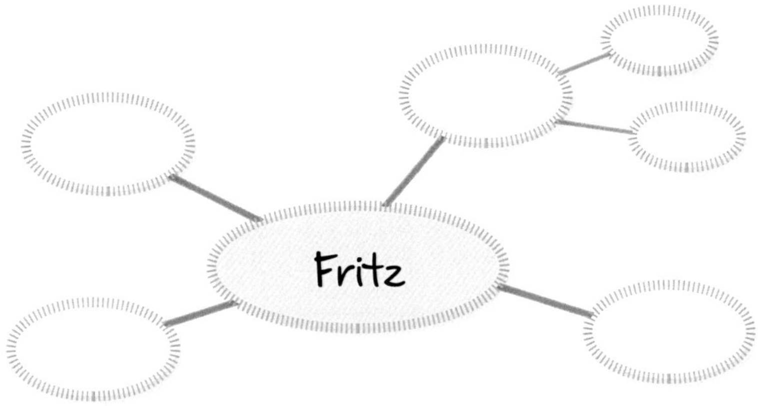

für Profis

Stell dir vor, die Zeitung hätte von Fritz' Tod erfahren. Verfasse eine kurze Meldung, indem du die W-Fragen sachlich beantwortest. Ergänze fehlende Informationen passend. Vergiss nicht, eine passende Schlagzeile zu formulieren, wie es Zonja tut (S. 109).

a) Wiederhole in einer Mindmap, was du über Fritz erfährst.

b) Schreibe einen kurzen Text darüber, was mit Fritz passiert ist. Verwende dazu die Informationen aus deiner Mindmap.

c) Stelle Fritz und Mucks einander gegenüber. Was haben sie gemeinsam?

Fritz	Mucks

3. Nicht nur im 11. und 12. Kapitel leidet Mucks unter seinem gewalttätigen Vater.

a) Lies das Interview mit Cordula Lasner-Tietze vom Deutschen Kinderschutzbund (→ **i.5**).

b) Sprecht in der Klasse oder Lerngruppe über das Interview. Wie könnte man Betroffenen helfen?

Nicht mehr da (2)

4. Neben ihrem Vater (siehe Kapitel 11) versucht auch Zonjas Mutter zu helfen.

a) Stelle die richtige Reihenfolge der folgenden Sätze fest. Welche Sätze sind falsch?

Reihenfolge	Sätze	Kapitel	Reihenfolge	Sätze	Kapitel
	Die Eltern freuen sich über Mucks' Besuch zum Abendessen und verhalten sich so, damit Mucks sich bei ihnen wohlfühlt.			Mati hört Zonja im Maislabyrinth aufmerksam zu und tröstet sie.	
	Mati erzählt Zonja am Morgen nach der schlimmen Situation von den Geschehnissen in Mucks' Wohnung.			Mati macht Mucks' Vater unschädlich, indem sie ihn mit einer Glasscherbe verletzt.	
	Zonjas Vater erzählt ihr die Geschichte von Fritz, damit sie versteht, wie gefährlich es sein kann, einem Kind nicht zu helfen.			Mati fährt rasch zu Mucks' Wohnung, nachdem sie am Telefon verdächtige Geräusche aus der Wohnung gehört hat.	
	Mati drängt Zonja dazu, abends nach dem Maislabyrinth noch einmal bei Mucks anzurufen.			Die Eltern interessieren sich beim gemeinsamen Abendessen für Mucks und seine Lebenssituation.	
	Mati geht mutig in die Situation zwischen Mucks und seinem Vater und schafft es, Schlimmeres zu verhindern.			Mati schickt Zonja nach Hause, nachdem sie die gefährliche Situation in Mucks' Wohnung entschärft hat.	
	Zonjas Vater ruft sofort die Polizei, nachdem seine Frau zu Mucks' Wohnung gefahren ist.			Mati lässt Zonja und Mucks bis spätabends draußen im kühlen Garten, ohne sie zu stören.	

b) Ordne die Sätze den entsprechenden Kapiteln im Buch zu.

c) Beurteile das Verhalten von Zonjas Eltern. Was findest du richtig, was falsch? Was würdest du wie anders machen?

5. Zonja muss sich entscheiden, mit wem sie den Nachmittag verbringen will. Übertrage ihren Gewissenskonflikt in eine szenische Darstellung.

Methode

Die **Guter-Engel-Böser-Engel-Methode** stellt den inneren Konflikt einer Figur szenisch dar. Stelle zunächst fest, zwischen welchen beiden Optionen die Figur schwankt. Prüfe dann, was für oder gegen die jeweilige Option spricht. Inszeniere schließlich eine Szene, in der die Figur von 2 weiteren Figuren (Engel und Teufel) mit Argumenten und Aufforderungen bei ihrer Entscheidung bedrängt wird.

6. a) Zonja wartet am Ende des 12. Kapitels vergeblich auf Mucks.

b) Verfasse eine SMS von Mucks an Zonja mit maximal 160 Zeichen, in der Mucks erklärt, was mit ihm ist und warum er nicht gekommen ist.

c) Verfasse auch eine mögliche Antwort von Zonja an Mucks.

Die Zeit läuft immer vorwärts

Zonja wartet, dass Mucks kommt …

1. Lies die Sätze und finde die jeweilige Textstelle im Buch.
Schreibe dann mindestens 3 Satzanfänge ab und ergänze sie in deinem Heft oder Lesetagebuch.

a) Nachdem Zonja am nächsten Tag vergeblich auf Mucks wartet, geht sie zu Mucks' Wohnung. Dort stellt sie fest, dass …

b) 2 Wochen später versucht Zonja, einen Brief an Mucks zu schreiben. Dabei muss sie weinen. Ihre Eltern kommen hinzu. Sie trösten sie und sagen ihr, dass …

c) 3 Tage vor Beginn der Ferien geht Zonja zum Friseur. Sie lässt sich …

d) Kurz danach trifft sie auf der Straße Mucks' Oma. Die Oma erzählt ihr, dass …

e) Zonjas Mutter bittet Zonja, den Namen für ihren zukünftigen Bruder zu bestimmen. Zonja entscheidet sich für …

f) 3 Tage nach ihrem Geburtstag bekommt Zonja mit der Post ein Paket. Darin ist …

2. Zonja wartet am nächsten Tag auf Mucks, nachdem sie ihre Oma Hilde besucht hat. Er kommt aber nicht.

a) Finde die betreffende Stelle im Buch: Seite ____________, Zeile ____________

b) Was macht Zonja alles, um sich die Wartezeit zu verkürzen?

____

____

____

c) Vielleicht ist es dir auch schon einmal so gegangen wie Zonja, dass du lange auf jemanden gewartet hast, der dann nicht gekommen ist.
Wie hast du dir die Wartezeit verkürzt? Erzähle davon.

3. Mucks taucht nach 2 Wochen immer noch nicht auf. Zonja versucht, ihm einen Brief zu schreiben. Sie schafft es aber nicht, den Brief fertig zu schreiben.

a) Warum kann sie den Brief nicht fertig schreiben?

b) Versuche, Zonjas Brief an Mucks zu schreiben (mindestens 5 Sätze). Denke daran, wie sie sich fühlt und was sie sich für die Zukunft wünscht.

4. Ganz am Ende des Buchs kommt doch noch ein Lebenszeichen von Mucks. Was möchte Mucks mit seinem kurzen Brief wohl ausdrücken? Sprecht darüber in der Gruppe oder Klasse.

Tipp: An einer Stelle im Buch, am Ende von Kapitel 8, geht es schon einmal um einen Kieselstein.

Die Zeit läuft immer vorwärts

1. Finde die jeweiligen Textstellen und ergänze die Sätze.

a) Nachdem Zonja am nächsten Tag vergeblich auf Mucks wartet, geht sie zu Mucks' Wohnung und muss feststellen, dass ...

b) 3 Tage vor Beginn der Ferien geht Zonja zum Friseur und lässt sich ...

c) Als Zonjas Mutter sie bittet, den Namen für ihren zukünftigen Bruder zu bestimmen, ...

d) 3 Tage nach ihrem Geburtstag bekommt Zonja mit der Post ein Paket, in dem ...

2. Zonja wartet am nächsten Tag, nach dem sie ihre Oma Hilde besucht hat, auf Mucks. Er kommt aber nicht.

a) Finde die betreffende Stelle im Buch.

b) Was macht Zonja alles, um sich die Wartezeit zu verkürzen?

c) Vielleicht ist es dir auch schon einmal so gegangen wie Zonja, dass du lange auf jemanden gewartet hast, der dann nicht gekommen ist. Wie hast du dir die Wartezeit verkürzt? Erzähle davon.

3. Als Mucks nach 2 Wochen noch immer nicht aufgetaucht ist, versucht Zonja, ihm einen Brief zu schreiben. Sie macht mehrere Anfänge, schafft es aber nicht, den Brief fertig zu schreiben.

a) Warum kann sie den Brief nicht fertig schreiben?

b) Versuche, Zonjas Brief an Mucks zu schreiben. Denke daran, wie sie sich fühlt und was sie sich für die Zukunft wünscht.

für Profis

Schreibe einen möglichen Brief von Mucks an Sonja, in dem er ihr versucht zu erklären, was im Moment mit ihm los ist und warum er, ohne sich zu verabschieden, weggezogen ist. Überlege auch, welche Wünsche und Pläne er für seine Zukunft hat.

4. Ganz am Ende des Buchs kommt doch noch ein Lebenszeichen von Mucks. Sein Geburtstagsgruß an Zonja ist vieldeutig.

a) Was möchte Mucks mit seinem Satz wohl ausdrücken? Schreibe dazu mindestens 3 Sätze. Berücksichtige dabei auch, an welchen Stellen im Buch es um den wertvollsten Stein bzw. um den Kieselstein geht.

Tipp

Frageliste (S. 9) • Steinfrage (S. 71/72) • Kieselstein als Geschenk (S. 80) • Frage nach dem wertvollsten Stein unbeantwortet; der Kieselstein auf dem Bücherstapel (S. 120)

____

____

b) Sprecht anschließend in der Klasse darüber.

Die Zeit läuft immer vorwärts

Zonja wartet, dass Mucks kommt …

1. Ergänze die Sätze mithilfe der entsprechenden Textstelle.

a) Nachdem Zonja am nächsten Tag vergeblich auf Mucks wartet, geht sie zu Mucks' Wohnung. Sie stellt fest, dass …

b) 2 Wochen später versucht Zonja, einen Brief an Mucks zu schreiben. Dabei muss sie weinen. Ihre Eltern kommen hinzu, trösten sie und teilen ihr mit, dass …

c) 3 Tage vor Beginn der Ferien geht Zonja zum Friseur und lässt sich …

d) Kurz danach trifft sie auf der Straße Mucks' Oma, die ihr erzählt, dass …

e) Als Zonjas Mutter sie bittet, den Namen für ihren zukünftigen Bruder zu bestimmen, …

f) 3 Tage nach ihrem Geburtstag bekommt Zonja mit der Post ein Paket, in dem …

2. Zonja wartet im 13. Kapitel vergeblich auf Mucks.

a) Führe in einer Liste auf, was sie tut, um sich die Zeit zu vertreiben.

b) Berichte in einem kurzen Text (mindestens 10 Sätze) davon, wie du normalerweise selbst das Warten überbrückst und welche Warte-Strategien besonders gut bei dir funktionieren.

3. Ebenfalls im 13. Kapitel versucht Zonja, jedoch erfolglos, Mucks zu schreiben.

a) Erkläre den Grund für ihr Scheitern.

b) Entscheide dich für eine der folgenden Aufgaben. Dein Text sollte mindestens 10 Sätze lang sein.

◯ **Aufgabe 1:**
Verfasse Zonjas Brief an Mucks. Berücksichtige darin, was sie denkt, was sie fühlt und was sie sich für die Zukunft wünscht.
Beginne z.B. so: »Lieber Mucks! Heute habe ich den Amseln beim Singen zugehört und festgestellt, dass sie mehr als 20 verschiedene Melodien pfeifen können …«

◯ **Aufgabe 2:**
Verfasse Mucks' Brief an Zonja. Berücksichtige darin, was er fühlt, wie er sein Verhalten erklärt und was er sich für die Zukunft wünscht.
Beginne z.B. so: »Liebe Zonja, ich schulde dir ein Schnitzel …«

4. Am Ende des 14. Kapitels erhält Zonja doch noch ein Lebenszeichen von Mucks.

a) Analysiere, wofür die Symbole Edelstein und Kieselstein normalerweise stehen.

b) Nimm Stellung, was Mucks dagegen mit seinem Satz ausdrücken möchte.

Tipp: Ziehe dazu auch das Ende des 8. Kapitels heran.

Ein merkwürdiger Blick

ENDE

1. An einigen Stellen im Buch wird angedeutet, dass mit Mucks etwas nicht stimmt. Fast bis zum Schluss erfährt man aber nicht, warum er solche Angst vor seinem Vater hat und warum er nicht (mehr) schwimmen kann.

a) Teilt in der Klasse die Kapitel 1 bis 10 auf.

b) Findet in eurem Kapitel Textstellen, bei denen klar wird, dass mit Mucks etwas nicht stimmt.

c) Stellt in Form eines Plakates diese Textstellen übersichtlich zusammen. Berichtet euren Mitschülern von euren Ergebnissen.

2. »Mein Sommer mit Mucks« ist oft spannend. Erstelle eine Spannungskurve des Buchs.

a) Markiere besondere Höhe- und Tiefpunkte mit Schlagwörtern aus dem Text.

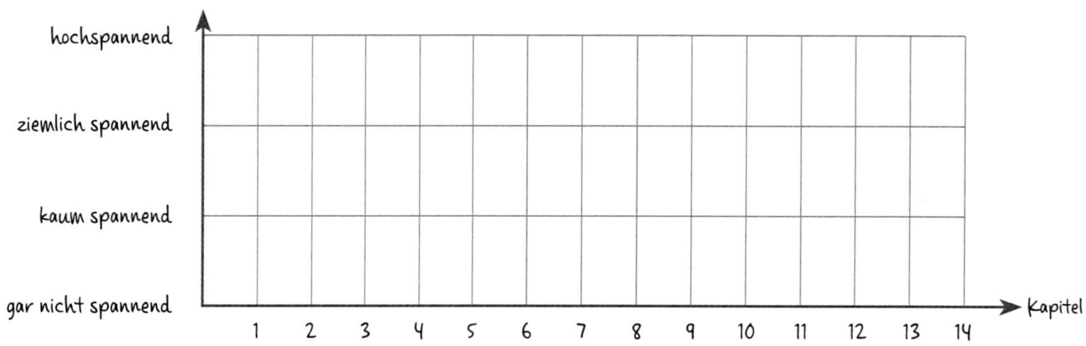

b) Vergleicht eure Kurven und sprecht über eure Texteindrücke. Welche Gemeinsamkeiten haben eure Kurven? Welche Unterschiede fallen auf?

3. Stefanie Höfler baut in ihren Text immer wieder witzige, komische oder ironische Situationen oder Beschreibungen ein.

a) Wähle 2 Kapitel aus und lies sie noch einmal. Markiere am Rand Textstellen, die du komisch, witzig oder ironisch empfindest.
- Textstellen, die du etwas witzig empfindest, bekommen 1 kleines Smiley ☺.
- Textstellen mit mittlerer Witzigkeit erhalten 2 Smileys ☺ ☺.
- Besonders witzige Textstellen bekommen 3 Smileys ☺ ☺ ☺.

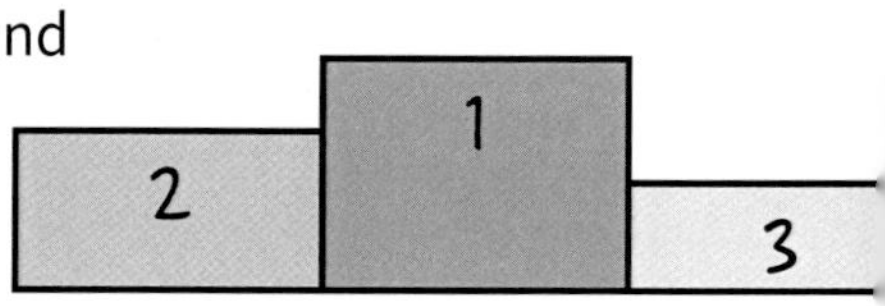

b) Erstelle eine Top-3-Rangliste derjenigen Textstellen, die für dich am witzigsten sind.

Tipp

Folgende Textstellen könnten vielleicht in deiner Rangliste auftauchen:

Blauwal durch die Welt (S. 8) • Untersuchung der toten Blindschleiche (S. 11) • tote Ratte im Schwimmbad (S. 17) • Birke mit Leuchtohren (S. 19) • Schreien bei Rettungsaktion (S. 20) • Außerirdischengruß (S. 21) • Oma Hilde und Pfannkuchen (S. 40) • Heuschrecken zählen (S. 41) • Mucks in Schwimmflügeln (S. 44) • Mucks strampelt im Wasser (S. 46) • Badehose zeigen/Lachanfall (S. 62/63) • Bademeister rutscht aus (S. 86) • Regentanz (S. 87) • Gesicht mit Ketchup (S. 88) • kurz abschneiden (S. 129)

Ein merkwürdiger Blick

1. An verschiedenen Stellen im Buch wird angedeutet, dass mit Mucks irgendetwas nicht stimmt. Bis fast zum Schluss erfährt man aber nicht, warum er solche Angst vor seinem Vater hat und warum er nicht (mehr) schwimmen kann.

a) Teilt euch in der Klasse die Kapitel 1–10 auf.

b) Findet Textstellen, bei denen angedeutet wird, dass mit Mucks etwas nicht stimmt.

c) Stellt in Form eines Plakates diese Textstellen übersichtlich zusammen.

d) Schreibe mindestens 3 Sätze darüber, was mit Mucks los ist, warum er solche Angst vor seinem Vater hat und warum er panische Angst vorm Schwimmen hat.

e) Vergleicht eure Ergebnisse in der Klasse.

2. »Mein Sommer mit Mucks« ist oft spannend. Erstelle in dein Heft oder Lesetagebuch auf einem DIN-A-4-Blatt eine Spannungskurve des Buchs.

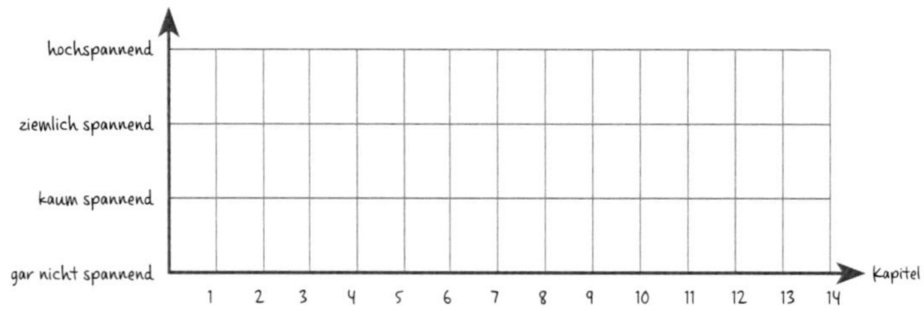

a) Markiere besondere Höhe- und Tiefpunkte mit Schlagwörtern aus dem Text.

b) Vergleicht eure Kurven und sprecht über eure Texteindrücke. Welche Gemeinsamkeiten haben eure Kurven? Welche Unterschiede fallen auf?

3. Stefanie Höfler baut in ihren Text immer wieder witzige, komische oder ironische Situationen oder Beschreibungen ein.

a) Wähle 2 Kapitel aus, lies sie durch und markiere am Rand Textstellen, die du komisch, witzig oder ironisch empfindest. Textstellen, die du etwas witzig empfindest, bekommen 1 kleines Smiley ☺. Textstellen mit mittlerer Witzigkeit 2 Smileys ☺ ☺ und besonders witzige Textstellen 3 Smileys ☺ ☺ ☺.

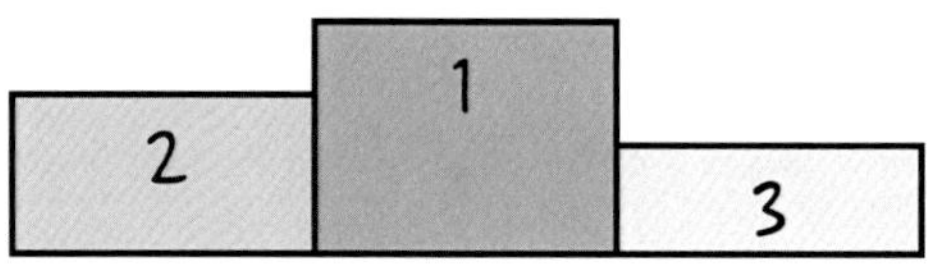

b) Erstelle eine Top-3-Rangliste derjenigen Textstellen, die für dich am witzigsten sind.

Tipp

Folgende Textstellen könnten vielleicht in deiner Rangliste auftauchen:

Blauwal durch die Welt (S. 8) • Untersuchung der toten Blindschleiche (S. 11) • tote Ratte im Schwimmbad (S. 17) • Birke mit Leuchtohren (S. 19) • Schreien bei Rettungsaktion (S. 20) • Oma Hilde und Pfannkuchen (S. 40) • Mucks strampelt im Wasser (S. 46) • Badehose zeigen/Lachanfall (S. 62/63) • Bademeister rutscht aus (S. 86) • Regentanz (S. 87) • Gesicht mit Ketchup (S. 88) • kurz abschneiden (S. 129)

4. Mehrere Szenen eignen sich besonders gut, um sie im Rollenspiel darzustellen:

- Zonja rettet Mucks vorm Ertrinken (Kap. 2)
- Das Abendessen bei Zonja Zuhause (Kap. 3)
- Mati entschärft die dramatische Situation (Kap. 10)

a) Wählt in Gruppen bzw. Paaren eine Szene aus.

b) Lest euch das betreffende Kapitel besonders aufmerksam durch.

c) Übt mehrmals die Szene im Rollenspiel und präsentiert sie dann vor der Klasse.

Ein merkwürdiger Blick

1. In verschiedenen Kapiteln des Romans wird angedeutet, dass mit Mucks etwas nicht stimmt.

a) Erkläre in Form eines kurzen Textes (mindestens 8 Sätze) rückblickend, warum er Angst vorm Schwimmen und vor seinem Vater hat. Schreibe in dein Heft oder Lesetagebuch.

b) Vergleicht eure Ergebnisse in der Klasse.

2. Die Autorin Stefanie Höfler schafft es, ihren Roman sehr spannend zu machen.

a) Zeichne eine Spannungskurve, indem du besondere Höhe- und Tiefpunkte in dem folgendem Schaubild kennzeichnest und Stichwörter einträgst.

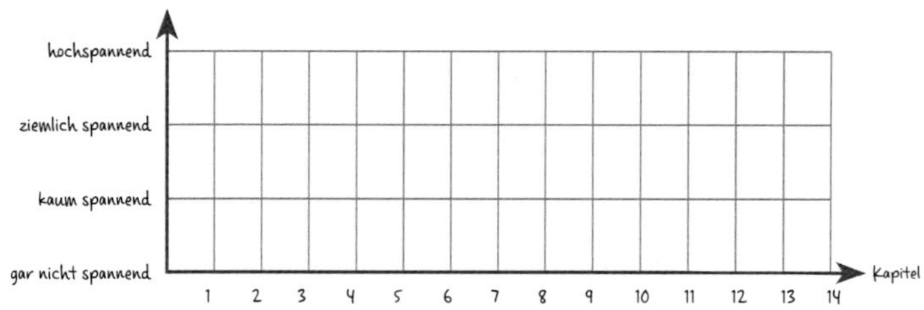

b) Vergleicht eure Spannungskurven in der Klasse. Welche Gemeinsamkeiten und Unterschiede gibt es?

3. Die Autorin schreibt in ihrem Roman stellenweise auch auf eine witzige Art und Weise.

a) Entscheide dich für 2 Kapitel. Lies sie und markiere Lustiges am Rand mit 1 bis 3 lachenden Smileys. Textstellen, die du etwas witzig empfindest, bekommen 1 kleines Smiley ☺. Textstellen mit mittlerer Witzigkeit erhalten 2 Smileys ☺ ☺. Besonders witzige Textstellen bekommen 3 Smileys ☺ ☺ ☺.

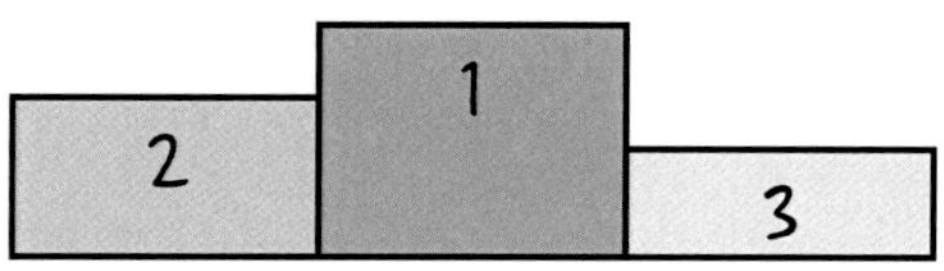

b) Notiere die 3 lustigsten Textstellen. Erstelle eine Top-3-Rangliste.

c) Begründe, warum du dich für die 3 Textstellen entschieden hast.

4. Die Autorin schildert die Situationen oft so anschaulich, dass ihr Roman leicht für eine Verfilmung geeignet wäre.

a) Entscheidet euch für eine der folgenden Szenen und bereitet ein Rollenspiel vor.
- Zonja rettet Mucks vorm Ertrinken. (Kap. 2)
- Das Abendessen bei Zonja zu Hause (Kap. 3)
- Mati entschärft die dramatische Situation. (Kap. 10)
- Gespräch zwischen Zonja und Mucks' Oma (Kap. 14)

b) Nehmt es auf Handy auf und führt es als Film vor.

Tipp

Markiert zunächst die wörtliche Rede der Figuren mit unterschiedlichen Farben im Text. Notiert dann zu jedem Redeanteil Hinweise zur passenden Mimik, Gestik und Körpersprache. Übt die einzelnen Szenen ein. Organisiert dafür auch passende Kostüme und Requisiten, um die Anschaulichkeit und Überzeugungskraft zu erhöhen.